感恩計畫

The Thank-You Project

南西・戴維斯・郭 ——著
林琳 ——譯

NANCY DAVIS KHO

獻給爸媽

目錄

引言　感謝的天賦 007

第一章　列出你的信件名單 023

第二章　家庭第一 067

第三章　愛你的朋友 121

第四章　愛所教我們的事 151

第五章　有影響力的人帶來的啟發 171

第六章　讚美各種場所和消遣娛樂 203

第七章　現在，換你了！ 225

第八章　親愛的讀者 233

致謝 237

引言

感謝的天賦

二〇一六年某個夏日，我爬上了將要在父母家住上三週的客房階梯，在父親的桌前坐下——沒人使用的時候，這間客房就是他在家的辦公室，也是特別用來看高爾夫頻道的房間。放在我面前的是我今年上半年寫給他的感謝信。父親非常喜歡，他一收到就立刻將信裱框掛在桌前，這樣就能每天看見。

二〇一六年一月十五日

親愛的爸，

二〇一六年時你把我從醫院載回家，所以應該曉得那正好是我滿五十歲的一年。因為我有個十分幸運的人生，所以覺得慶祝這黃金五十歲最好的方式，就是針對一路以來豐富我生命的人事物寫下感謝。這週正好輪到你。無論怎樣，收到訊息的第一和第二個人一定要是你和媽不可。

爸，謝謝你成為一個永遠都在且支持關心著我的父親。在柯達公司（kodak）努力工作養家只是冰山的一角，如果要一言以蔽之就是：你從不缺席。在車道上吃力地接高飛球，幫助你最小的孩子把壘球打好；當我目不轉睛看著《蓋里甘的島》（*Gilligan's Island*）時，幫我把剛洗好的打結長髮梳開。大學時，我在羅徹斯特市和費城之間的半路拋錨，你開到雪城幫我處理租車事宜。我從沒想過我出問題時你會不會出現。事實上，每次我們出了問題，你就會使出爸爸超能力，讓莎莉、賴瑞和我驚歎不已。

我也非常感激你的放手哲學——我還住家裡時，你給了我搞砸和彌補的充分機會，讓我長大成人時不至於在真的搞砸時太過手忙腳亂。我們很清楚成功是靠自己的努力，你從來沒讓我們感到你在邀功。說真的，這樣的教養特色在這個年代實在是非常少見。就這件事上，你的孫女應該也會很感激你是我的榜樣。

身為父親，你為出現在我生命中的男人立下典範，因此我才沒和對我不好的廢柴（好吧，十二年級時有一個，但你不曉得。而且我們也只「約會」那麼一次），或任何想貶低我的人在一起。你無條件支持我的野心，全心相信我有達成目標的能力，特別是在我的專業領域。我之所以能夠成功，這份信任絕對占了一半以上。

當我想起和你共度的最喜歡的回憶，公路旅行一定要放第一——我大學時在羅徹斯特市與費城間來回這麼多次，還有二十歲時因為你的工作一起去了迪士尼樂園。即便我們最後一次公路旅行是在看不見前方的冬季暴風雨中，由一號公路從奧克蘭市開到門多西諾郡，緊跟在載了媽和女孩們的安德魯後方。我還以為我們會被吹進海裡，但是你不斷地說：「哇！做得太好了！妳表現得真是太棒了！」一直說到我平靜下來。你出現在慕尼黑那回可以說是毫無徵兆。當我因為大學畢業後第一份工作而搬到德國，你給了我很需要的東西，只是我因為固執或驕傲不肯承認：很多很多家的感覺及認可（因為我是替一個瘋子工作）。一九九八年二月，麥蒂快出生時，我在黎明前幾小時和你坐在一塊兒，你替我數宮縮次數。此外，我也不曉得你記不記得，但我真的很喜歡小時候我們晚上在街區裡一起散步，一面唱〈我和我的影子〉（Me and My Shadow），努力跳著偽踢踏舞。

即使年歲漸增，你還是教了我很多，樹立了我想要學習的準則。一切從簡、搬進你和媽真正喜歡的美麗連排別墅。在財務和家庭方面幫助努妮阿姨；持續在營地和消防隊擔任志工——儘管這令人滿心恐懼。此外，你不求回報地幫助身旁的人，這樣的事蹟有上百上千個。我要不厭其煩地告訴你：我們永遠都會需要你，不管你什麼時候過來，都有著各式各樣家庭修繕計畫要麻煩你。

能夠有你和媽這樣的外祖父母，麥蒂和露西非常幸運。我也很感激你和麥蒂都對工程學感興趣，因為我和安德魯真的完全聽不懂她在說什麼。

我非常愛你，爸。謝謝你總是對我這麼好。

愛你

南

然後我打開筆電，在新的文件裡打入「悼詞」二字。

六週前，我八十一歲的父親在和週五早晨的同好會一起打高爾夫時昏倒了。可是他又站起來打完十八洞（想也知道）、自己開車回家（想也知道），然後把手一揮，叫我媽不要擔心。然而，因為母親的失智症狀越來越嚴重，因此在爸的意識陷入模糊並產生異常的混亂時，無力警告三個孩子。現在回想，其實母親很明顯曉得自己結縭五十八年的丈夫狀況不太對勁。

我的姊姊莎莉和哥哥賴瑞都住得離父母很近，在和爸媽的日常通話中嗅到一絲不對勁，我在橫越奧克蘭市時的通話中也是一樣。他們在週日早上打電話給我，說要一起開車回家帶父親去急診室，認為他可能有腦震盪的狀況。到了週一早上，我們都曉得了造成昏倒的原因：此前都沒發現的四期黑色素瘤引發的巨大腦瘤，這個無情的疾病透過長在肺臟、腎臟和骨頭裡的腫瘤，強勢占領他的身體。對他這個年紀，以及病況到了這一期的人來說，已經沒有任何人道的醫療方式，只能讓他過得舒服一些，也等於必須以失去感覺的方式度過人生剩下的短暫時間。

在癌症急速惡化的過程中，因為我未雨綢繆，將心意寫在感謝信中寄給了父親，肩上也少了個簡單卻非常重要的擔憂：我不需要擔心倘若父親驟逝，就不會知道我有多愛他。我完全不需要有任何自責或質疑，可以把所有精力用來照顧他，並幫助他平靜地前往下一個階段，而且有家人圍繞在身邊，並且在他所愛的家中。

在我非常非常需要平靜的時刻，那封信給了我平靜。

而我從這些信中得到的慰藉，讓我更強烈地意識到打從我開始進行感恩計畫時就發現的事：它給了書寫感謝訊息的人——也就是我——與收訊者不相上下的益處。那時我已經當了超過十年的接案新聞工作者，然而，這個計畫應該是我寫過最有智慧的文章。

嚴格來說，我講的並不是信件內容——這部分就留給收信者來判斷。我說的單純是寫信這個動作。雖然寄信時我完全不求回應，依舊從收信方那裡聽見了很多想法，並因此受到感動。在簡訊和表情符號充斥的年代，我如此大費周章，在空白紙上寫下他們對我意義非凡的原因。

我寫這些信從來不是為了讓自己心情好，可是無論多寡，在那一整年中，好的心情一次又一次不斷發生。對此我也感謝不已。因為打從父親過世後，我美好的五十歲就和想像中的熱鬧場景有了天差地別的不同。

當母親的失智症惡化時，最一開始照顧她的人是父親。一直到他過世，兄姊和我才終於瞭解她病症真正的樣貌。這也表示我們必須攜手合作，找出妥協的方法，不但能按照她的心願獨立在熟悉環境生活，又不至於危及她的健康和安全。莎莉不只一次表示「我們實在沒有時間哀悼爸，因為我們都在擔心媽早上該怎麼泡咖啡。」這使得在葬禮後立刻回到加州的我罪惡感倍增，因為我讓住在附近的兄姊和他們的家人必須立刻開始照顧母親。

我甚至還沒整理從父親的葬禮後返家的行李，就和安德魯一起替麥蒂打包她從家居用品店買來的巨大行李，回頭往東開三千英里，踏上她大學新鮮人的第一年。能看著我們最大的女兒展開成年生活當然不算什麼損失。可是對於當時已感到潰不成軍的我，實在是不小的調整。

如果你像我一樣處於人生中段——在我的部落格和播客節目《中年混音帶》（*Midlife Mixtape*）裡，暢談涵蓋了從嘻哈音樂（being hip）到霹靂街舞（breaking one）的年代——中年正是被年邁的父母、長大的孩子、職業、健康，也許還有越來越多「我怎麼會把自己搞成這樣」的擔憂多面夾殺的時刻。如果你也有這種感覺——那麼，你並不孤單。勞動經濟學家、達特茅斯大學的大衛·布蘭奇弗勞爾（David Blanchflower），以及華威大學的安德魯·奧斯瓦德（Andrew Oswald）進行的研究顯示，在納入參考的七十二個國家中，無論男女，典型個體的快樂程度都會在中年時期降到最低，接著心理健康的水平才會再次往上。這就是所謂的「U形幸福曲線」（Happiness U Curve）。聽起來是不是像什麼厲害的遊樂設施呢？可是感覺上更像四根玉米熱狗＋一個轉轉椅×（哈哈鏡[3]）。

我有提到這個感恩計畫的背景落在二〇一六年總統選舉嗎？沒忘記那次吧？光想就讓人壓力和焦慮山大。我寫這些信的那幾個月裡，會一邊上網或打開電視，偷偷抱著能放空腦袋、暫時逃開個人擔憂的希望，結果卻看到我們似乎徹底失去了禮貌進行公民對談的能力，並且暢行無阻地一路朝地獄滾下去。

然後我就會打開Word檔案，裡面的每個收信者都有自己的單行間距頁面，接著，我深呼吸一口氣，想著：「好，我高中最好的朋友是怎麼拯救我的培根的呢？噢！有一次參加返校舞會，我的對象害我心情沮喪，她拖著我到浴室說，『**那傢伙穿藍色鞋子欸，很顯然這是他的問題，不是妳的。**』然後我們瘋狂大笑到睫毛膏都花掉了。」這麼一來，我那焦慮國家方向的不和諧音就會安靜下來，至少是到可以勉強忍受的程度。

最後，刻意感恩，以及當你深知收信者會因為讀了你的文字、得到你的認可（沒錯，我說的就是你）心情變得更好時所得到的快樂，確實能帶來復原的力量。而在你努力通過世上諸多考驗時，知道有人支持著你、深愛著你，等於打了一劑強心針。

這裡要稍微釐清一下：雖然有很多信件都讓我回頭思考很久以前的事件和情況，但是這個練習的重點不在於陷入傷感和懷舊，而在於稍微花點時間回顧過往，才能更有效地釐清我們當下所在的位置，然後更清楚未來要去往什麼方向。

幾個月後，當我在第五十封、也就是最後一封信寫下「愛你的，南」，便將整整五十封信印出來，裝訂成一本書，以便放在床頭櫃。那是我最後一個，卻也是最好的五十歲生日禮物。每當低潮來臨——讓我們面對這件事吧，電視上滿滿都是令人恐懼的消息。我依舊每天擔心母親。還有，當我全心全意照顧女兒，但她們不知道為什麼卻一點也不開心。這種時候，我都會拿起那本書，隨意翻開一、兩封信重讀一下。

它提醒我，這些年來得到的各種支持，在我手中這本擁有實體又有分量的書，等同一劑特效藥，提醒著我之所以能來到今日的位置，是透過一大群人的幫助所致。套一句我從朋友吉兒（第十封信）那裡聽到的最喜歡的一句話，它讓我「散發出健全的感覺。」

這麼說的不只是我，因為有越來越多的科學研究量化了感謝在心理和生理層面帶來的好處，還有它和快樂程度的直接關連。

我們先從感謝的定義開始著手。這要謝謝羅伯特·A·艾蒙斯博士（Dr. Robert A. Emmons），他是加州大學戴維斯分校的心理學教授，同時也是該議題裡世界頂尖的專家。艾蒙斯博士在二〇〇七年的著作《謝謝！練習感恩能讓你更快樂》（*Thanks! How Practicing Gratitude Can Make You Happier*）中，定義了感恩的兩種要素。「第一就是承認生命中的美好。」這是對於讓我們的生命獲得價值的人地物的正面肯定。第二個要素則是找出這些美好的來源。「感恩就是認知這份美好至少有一部分並非來自自己。」瞭解在你生命中的許多快樂源頭來自於自身以外，並認清快樂的泉源在哪裡，正是感恩祕訣的關鍵要素。

發表於二〇一五年《心理學前線》（*Frontiers in Psychology*）上的研究表示，持續進行感恩練習，基本上能重塑我們的腦子，帶來的報償就是讓我們對周遭的人產生正向感受，因此誘發更多的感恩及「提升」（elevation）。

這是二○○○年由社會心理學家喬納森・海特（Jonathan Haidt）進行的幸福研究中定義出來、相當討人喜歡的科學名詞，是一種「在胸口的溫暖灼熱感受，讓人想在道德層面變得更好。」老闆，來一杯「提升」──而且要雙倍！

社會學家克莉絲汀・卡特博士（Dr. Christine Carter），也是加州大學柏克萊分校至善研究中心（Greater Good Science Center）的資深員工，她專攻心理學、社會學以及健康神經科學，她表示，「我們的每個情緒都有不同功能。大致上我們可以說，負面情緒，諸如恐懼與憤怒，和戰鬥與逃跑反應（fight and flight）的關連較大，並能觸發心跳加快、呼吸加速與肌肉緊繃的反應。另一方面，正面情緒則會重置神經系統。」

卡特博士指出，現代社會中一旦有壓力產生，我們的身體對於如何區分是被熊攻擊，還是只是尖峰時刻交通壅塞，實在不太在行。我們會把這兩種都當成威脅，使得身體和心理持續處於緊繃狀態。但是，就算只表達一點點感恩，都能帶來有助恢復健康的效果。

「在今日的社會，當有這麼多人無時無刻感到壓力，表達感恩是能讓我們回到中性狀態的非常實用的一種方法。」卡特博士說：「所以，如果我們用真誠的態度表達深刻的感恩，就算只有一點點也好，都能觸動副交感神經系統，讓胸口或胸腔真的產生溫暖的感受。這能使得正向情緒開始在神經系統生效，幫助我們放鬆，並且產生安全感，覺得和他人有所連結。」

該中心的社會學家發現，無數有益身體健康的事物會隨著規律進行感恩練習而累積，從更優質的睡眠品質，到更豐富的精力，乃至於氣喘控制的改善。卡特博士更直接了當地說：「如果感恩可以拿來當藥賣，你可能會變得非常富有。」

可是，這麼多人非要等到真正經歷創傷才積極執行感恩練習，似乎相當不幸。要沉浸在理性中的人心懷感激，簡直像在犯罪。我在滿五十歲的那一年，常常忘了檢視自己擁有的一切，並且對此表達感謝。由於我們不用面對冷酷的現實，像是貧窮、虐待、癮頭、家人之間的疏遠，以及在一天結束時感受到的壓迫，自然而然可以對那些事視而不見。然而，這一切幾乎都是因為有他人的幫助，還有運氣不錯等等。

好消息是，對於想知道如何在每天生活中提升感恩程度的人，寫「感謝信」是科學家和研究者最常提出的處方之一。事實上，幸福科學家時常透過這個方式來測試他們的理論。他們會讓實驗組寫下對某人表達感謝的信件，增進他們的感激程度。同時（我猜）對照組大概就是不給他們信紙之類的文具吧。想想，其實你也可以重現這項研究，只差沒有惱人的核磁共振而已！

我寄出最後一封感謝信超過一年後，坐在一場派對的露臺上，對梅莉莎解釋這整個計畫。她是我的好友，本身也即將來到這個生日的里程碑。「可是妳要怎麼判斷寫給誰呢？」她問：「妳每封信都是親自寄嗎？花多久時間？」

那天晚上，我對她娓娓道來整個計畫。幾個月後，我訝異地在信箱中收到一封亮粉紅色的信，角落寫的是梅莉莎的回信地址。我沒想到自己會成為她感謝信的其中一人。

「說真話，這是我有史以來進行過最棒的計畫之一，」梅莉莎這麼寫道，「這個寫信計畫有著多重意義：非常重大、非常累人；充滿啟發，很有壓力。療癒、很花時間、很多情緒，而且振奮人心——我就列到這裡。把我對最喜歡的一些人的愛與感謝寫在紙上，更是讓我快樂到不可思議。收到回應的一封簡訊、電子郵件或電話，更是我從沒預料到的額外幸福。然而，很幸運的是，這件事一次又一次地發生。」

就如我在那天晚上對梅莉莎解釋的，儘管感恩計畫影響深遠，卻只要重複三個簡單步驟、如此重複——**去看**、**去說**、**去感受**。**去看**那些豐富你生命的人地物。在信中將你認為美好的事物**說出來**。然後，藉由保留信件、重新閱讀，**感受**在你身邊的慷慨與支持。

我希望透過這本書幫助你**去看**、**去說**、**去感受**，並將我自己信件的摘錄當成範本，讓你能夠開始著手，進入提升以及更有韌性的心理狀態。我希望為你提供一個架構，讓你替自己打造幸福的感受，並同時豐富那些你喜愛、感謝和欣賞的人的生命。我想提醒你，以感恩與謙卑的態度獲得幫助和支持，是你能夠回饋朋友與家人的一大禮物。

請把這當成我黃金五十歲派對的一份小心意，感謝你來出席。

第一章

列出你的信件名單

承認你人生中擁有的美好，便是富足的基礎。

——艾克哈特·托勒（Eckhart Tolle）

我是個策劃者，也是組織者，而且只要看到有編號的待辦清單，就會立刻投奔它的懷抱。但是經過五十年後，我終於接受了一件事：不是每個人的腦子都長得像黃色橫格筆記本和新的原子筆。這個章節會提供你一些工具和技巧，用來組織你的寫信計畫，像是一些對我有用的步驟，以及可能對你來說更有用的替代方案。

事先提醒

如同所有長期計畫，你可以用念博士的組織架構為感謝信製作日程表，卻還是可能遭到不可抗力所左右。就我的例子來說，我以為自己會在一月一日開始寫，在十二月三十一日完成，就像時代廣場降下來的球[1]那樣準時。我怎麼會這麼聰明、這麼優雅呢！這個五十封信的目標甚至還有兩週的偷懶時間，畢竟我可是X世代的偷懶主義者呢！結果，父親過世了、麥蒂因為大學第一年必須橫跨美國大遷徙，我整整三個月只勉強在一張支票上簽了個名，更別說我本來希望信件傳達的訊息必須有一定程度的用心。這成為整個計畫中的**超大**暫停。我幾乎是在展開計畫的十七個月後，才終於寫下最後一封信。

如果發生這種事，不用擔心。你真的覺得有人會在意那封真心誠意的感謝信是在五月而不是二月抵達嗎？不會的。會有人知道我專斷獨行的十二個月時間表嗎？不會的。除了你自己，不會有人追蹤你的進度。

在婚姻早期，我丈夫和我常把一句話掛在嘴邊。安德魯有一半亞洲血統，因此讓他具有某種曖昧不清的種族特色，使得其他人在判斷他所屬族裔時，範圍廣至拉丁裔、南義，甚至特林吉特人[2]，一切取決於他們認識他的區域主要人口統計落在哪一群。此外，他也很愛以胡鬧的方式逗我開心。總之，不管是哪個原因，在這特別的一天，安德魯在點烤肉三明治時，對熟食店櫃臺員工說自己叫荷西。當安德魯接著詢問醬料外帶杯時，正在拚命處理排山倒海的客人點單、煩得要命的櫃臺員工，一個轉身對他大吼：「世界不是繞著你打轉的，荷西。」

世界不是繞著你打轉的，荷西。甚至沒人曉得你在寫那些信，荷西。你以為你可以在一個月內匆忙趕出這玩意兒，結果卻花了六個月。好棒棒。別再苛責自己了。你是在做一件好事，只要做完不就好了嗎？

所以，這表示我的五十封信目標不見得也要是你的。你成功戒酒十個月，所以決定十封信？因為正好生日來到青年危機，所以寫二十五封信？因為喜歡質數，所以來個七十三封信？沒有問題，這個計畫怎麼變都可以，因為負責評分的人只有你而已。

---

❶ 紐約時代廣場的報時球會在跨年夜晚上十一點五十九分開始降球儀式，時間約六十秒。此儀式標誌新的一年開始。

❷ Tlingit。北美太平洋西北海岸的其中一支原住民。

製作你的清單，但是不必重複確認

超棒祕密大公開：感恩計畫的第一步，就是想出要寫信寄給誰。**什麼？**她怎麼會曉得咧？這本書的價值就在這裡。

我沒撒謊。這本書絕大部分的重點，就是督促你思考誰可能會出現在你的名單上。

不過真正的祕密在這兒：你連一封信都不用寫，就能得到感恩計畫帶來的益處。只要看著名單上你的家鄉老友、忠誠麻吉還有暗樁，就意外撫慰人心。

卡特博士解釋，當你承認他人對你做出善意的舉動，等於在潛意識中接受這些人為你付出「成本」。她說：「研究表示，如果用這個方式來思考，往往能夠大量增加自我價值感。增加慷慨，但是不會增加愧疚。如果其他人對我好，一定是因為我值得。」

所以，如果你想把對你好的人的名單印出來，放進皮夾隨身攜帶、在車輛監理所排隊等待時拿出來細看，或是貼在冰箱上面，我當然不會阻止你。

對我而言，書寫初步名單有點像在規劃婚禮或派對。我往往會陷入迴圈：如果我邀了這個人，另一個人可能也該出席，因為他們在同一個朋友圈裡。

可是，和規劃派對不同的地方在於，當你把某人的名字加進名單，並不需要打電話給宴席承辦人，或重新調配為大家準備的辣肉醬食譜，就算漏了誰，也不會造成尷尬。再次強調，荷西，你不用告訴任何人這件事。這是你的計畫，你沒有任何義務把感謝信寄給以下這種人：只因為大家和他是朋友，你才跟他當朋友。然而，你個人與他實在沒有任何連結，而且他老是在講什麼堆肥、克里夫蘭騎士隊或客戶關係管理的軟體，講個沒完。你才是這裡的老大。

所以，挑個你充分休息也充分補水的時間，再加上一盞良好的閱讀燈；也許可以在你讀完所有章節、思考誰適合放在哪一類的時候——家人、朋友、你愛的人、精神導師、人生榜樣，然後思考一下你會如何回答這些問題：

誰幫助了我？

誰形塑了我？

誰啟發了我？

此外，還有另一種執行方式：如果你從來沒遇見這個人，還會是現在這個你嗎？

不要忘了，形塑與啟發有各種形式，有正面，也有負面。接著，你就可以開始寫名字。這時，先不要調整，不用擔心名單的分類或順序，只要將想到的名字都寫下來就好。

——然後就停下來。我停下來時大概寫了二十五個名字，然後就想，好吧，大概就這樣了。我的名單永遠到不了五十個人——我甚至不確定我有沒有認識五十個人。你可能也會擔心名字不夠多。沒事，跟著我一起來。

你會想出來的

寫信這個動作會花費精力和腦力——如果你有把這件事做對的話。此外，畢竟你也非常忙碌，有太多事占用了你的時間，無法付出那麼多精力去回顧並思考誰在你心中雖是好人，但並未改變你的人生。

反過來說，不管你脾氣多差，每天早上仍以笑容歡迎你的咖啡店老闆；幫你的車子接電、讓你能趕上面試時間的人；聽到你的小孩前晚進了急診室，便請你喝一杯咖啡、並且抱抱你的人？或許他們正是沒有受到重視，但是你會想放在名單上的人。當你意識到寫這些信使得生活中那些小小感恩與慷慨能見度更高，名單就會開始自動填滿了。

雪儂．康納利博士（Dr. Shannon Connery）是科羅拉多州丹佛市的心理學家，她決定著手一項計畫：一百天內寫一百封感謝信。她開始的契機是出於母親意外過世。雪儂說：「一開始我只是想感謝那些來參加母親追悼會的人，可是寫了四、五封信後，一個熟識的人對我做了一件很好的事，所以我想把他加到清單裡。」在那之後，她的名單就彷彿開始自體生長。

雪儂表示，大概在寫到這一百封信的第三十三封時，她突然驚慌起來。「我在想，我湊不到六十七個人！」她笑著說：「然後情況就變得很好笑。我開始想說，好吧，就算不認識好了，但是有沒有誰在今天影響了我的人生呢？我習慣跑步，可是卻因為腳受傷，必須穿著骨裂保護靴行動，所以我決定把製作靴子的人也寫上去！」雪儂表示，因為每天都要想出還可以寫什麼人上去，逼得她必須每天每天往周遭尋找善意。

我和雪儂一樣，在寫信過程的某個階段擴大了收信資格的定義。形塑我們的人，其實並不止於認識的人。我意識到自己想感激的事物很多，像是鼓舞我熱愛音樂之靈魂的現場表演、我居住過的城市，還有每年反覆閱讀的那些作古已久的作家。這一切都讓我成為現在的我。就算那些事物不會讀信，將他們放上我的名單感覺起來依舊合情合理。我一面表達對那些事物的感謝，一面回想自己對它們的喜愛。這麼做帶給了我深刻的喜悅。

你也會獲得一樣的感受。不要驚慌，直接腦力激盪出第一批名字，然後繼續前進。

設下你的規則

莉蓮・海爾曼[3]曾寫道：「萬事的起始是希望，盡頭是習慣。」沒錯，你想在什麼時候寫這些信都可以，認為怎樣的長度適合收信者，都很正確。你可以這週寫在紙卡上，下週用圖書館電腦打字。可是，如果你能在每週同一時間、同一地方寫信，並採用同樣的基本格式，就會發現過了幾個星期後想蹺掉不寫就變得比較難了。

因為我們不希望發生以下這種事：一開始三分鐘熱度爆發，後續卻因為還剩十七封信沒寫而罪惡感爆棚。這樣對誰都沒有幫助。

卡特博士在《甜蜜點：如何在家與公司之間找到你的節奏》（*The Sweet Spot: How to Find Your Groove at Home and Work*）寫道，「將應該做和真的去做連接起來的最佳橋樑，就是習慣。」她補充道，「當我們把某件事變成習慣，就等於釋出腦中的能量中心，將注意力集中在遊戲策略上，針對問題找出解答，完成最重要的任務。」例如，你想在今日的感謝信中放入什麼細節。

你在面前製造越多障礙——首先得拿支新筆，然後要找一盒卡片，接著……你手邊還有郵票嗎？——就會使得養成重複而持續的前進動作困難重重。只要為信件設定基本原則，這樣一來就不用每次坐下來寫的時候還得重想一個。

找出適合你的格式、長度及時間表，讓你能更輕易地將寫信融入日常生活，直到成為習慣。就這一次，養成一個你不想打破的全新習慣，難道不是很好嗎？

格式

身為作家，我全天候在電腦前工作，於是字跡看起來

---

❸ Lillian Hellman（1905—1984），美國劇作家，著名作品有《雙姝怨》。

活像喝了太多咖啡的亢奮四歲小孩。我可以寫一首十四行詩來挑戰莎士比亞，只是收到信的人鐵定會絞盡腦汁思考，我為何寄給他們活像糖霜咖啡蛋糕食譜的鬼畫符。所以，我將信件處理成Word格式。我的朋友瑪麗亞（第九封信）的手寫藝術字稱得上全世界最漂亮。如果她用打字寫信，我大概會覺得自己碰到了詐騙者。

放過你自己。關於寫信，你比較喜歡怎麼做？筆記本的紙和鉛筆？用蠟筆寫在工藝用紙上？或者，與其說作家，你其實更像藝術家，所以說不定根本不是寫信，而是畫一幅畫，畫下你和收信者共同經過的一切。不管對你有特殊意義的是哪一種，把感謝信的格式設定成那樣，準沒錯。

音樂人凱西，瓦倫泰（Kathy Valentine）是加油合唱團（The Go-Gos）的貝斯手，她在舉辦五十歲生日派對的前幾週，寫感謝信給她邀請的每位嘉賓。每封信都是她親手打字，使用手寫字型。接著，她將信印在羊皮紙上並簽下名字。「我把信捲起來，用緞帶綁好，一個一個放在每位客人面前的盤子上。」凱西說。（如果是特別嘉賓的配偶或陪同者，她則是寫「五十年來我學到的五十件事」清單。）

無庸置疑，她的客人在當天晚餐讀到客製化且真心誠意的信後，當然暈船暈到不行（抱歉，我非這樣說不可）。凱西說：「那讓我的生日變得無與倫比。」

長度

這裡建議採用「差不多就可以了」。也許你平常有時間寫下六頁的信給你愛的人——我希望你有，因為我沒有。我很清楚，在工作、家庭，還有看完《冰與火之歌》（*Game of Thrones*）後進行影集分析的夾縫之間，要是我打算製作任何打字超過一頁的東西，就表示每週感謝信的優先順序將在待辦事項中越來越往後推，因為必須先讓給花較少時間、少用一點我的松鼠腦的事。

真心話大告白：如果它是一張A4尺寸、單行間距的東西，我是可以專注個一會兒——但是接著我就得看一下臉書。

此外，堅持只寫一張紙，並沒有聽起來那麼容易。寫短永遠比寫長更困難，因為它需要寫的人做出艱難的抉擇。對於打算寫少於一張的人，我要致上最高敬意。

找出你可以做到並反覆執行的信件長度。當信件量逐漸累積，你很可能會發現自己找到了一個規律，知道這封信應該蘊含怎樣的情感，它又大概會有多少段落。這麼一來就能讓它進行得更輕鬆。

設定你的時間表

關於這件事，我嘗試了好幾種不同的方法——週末一早、週間日午餐、上床睡覺前——但是我的甜蜜點其實是週五接近傍晚時分，在工作時間快結束、週末快開始的有限時間裡。因此，我會有一整個星期的時間思考想對這個人說什麼，並且篩選能寫進信中的各種過往拾遺，將我認為最能代表這段關係的事件放進去。

我會打開Word文件，坐下來開始打字。以前有人給我一根蠟燭，據說會產生珍・奧斯汀附身的效應，所以我有時會在開始打字前點上。也許蠟燭真的有幫助，但是反正我也不會因此少一塊肉。大概三十分鐘或一小時後，我會坐在充滿珍・奧斯汀香氣的桌前微笑，重讀這封提醒著我認識這位收信者有多幸運的信件。這真是迎接週末的最幸福的方式。

就某種形式或方法來說，在這五十封信以及快一年半的時間中，這法子多半有效。所以這樣算是太快還是太慢呢？梅莉莎以一股強大的氣勢開始感恩計畫，每週寫一些。她說：「我一開始就是『**喔耶我一定很快就會把這件事完成**』，但結果根本不是這樣。當我來到比較困難、更為內省的信件時，往往需要更多時間和精力。於是，我便發現自己需要休息一下。」我在她開始十個月後確認了她的情況，她的名單上還剩下一些名字。

雪儂一日一信的百日計畫步調再適合她不過。「我覺得如果不用這種打類固醇似的節奏，恐怕不會更清晰地意識到它帶來的好處。」她說。

但是，如果這樣對你來說有點太難，不用害怕。科學研究顯示，如果你不要操之過急，寫感謝信帶來的幸福與益處可以維持更久。正向心理學家索妮亞．柳莫斯基博士（Dr. Sonja Lyubomirsky）所做的研究顯示，行善舉的人多半在做完這件事的數週之後，依舊比其他人更快樂。此外，密西根大學心理學教授克里斯多福．彼得森博士（Dr. Christopher Peterson）的研究發現，寫感謝信並親自傳遞訊息——不是必要，但我確實對幾個收信者這麼做——可以讓你明顯在一整個月中更加快樂。卡特博士表示，「有個說服力很高的研究顯示，光是一個月寫一封信並且用心感受，就已經非常有效了。」

梅莉莎告訴我，有時光是想像要寫這些信就令人卻步。「你會看著名單，覺得待辦事項**多到令人崩潰**。」她說。

但是，你一次只要寫一封信就好，而且主導計畫的人是你。所以挑個最適合你的步調，需要多久就多久。你甚至可以停個一陣子再開始，就像我一樣。放輕鬆，就算你人不在，信也不會跑掉。

那麼，我要寫什麼呢？

我們總算來到「**去看、去說、去感受**」的「**看**」了。亦即：確認名單上的人究竟用什麼方式影響我們。我記得，關於我寫的每個名字，我甚至能像打鼓一樣敲出一封每句都用「記得有一次我們……」當開頭的信——雖然我根本沒參加過樂隊營。我想大家應該會喜歡那些信的。畢竟，滿五十歲後，你再也不會對於這種問題的答案感到理所當然。真的嗎？我和妳一起舉辦社區才藝表演，結果把大招牌上的才藝寫成了「材藝」，然後我們的哥哥姊姊整場都在嘲笑我們？好啦，這好像也合理！

不過，我要說的是更有意義的。「幫助」、「支持」和「愛」這些字眼十分常見。但是，我希望更明確地找出每一個人到底帶給我什麼。

當你開始製作寫信名單，有幾個問題必須琢磨：

誰幫助了我？

誰形塑了我？

誰啟發了我？

現在，該來針對個人思考細節了：

這個人**如何**幫助我？

這個人**如何**形塑我？

這個人**如何**啟發我？

問題的答案就是你寫信時會想放進去的內容。優秀的作家和讀者非常清楚，如果細節足夠精確，就能提升等級：「你幫了我很多、對我很好」並不夠清晰，也不足以喚起記憶，還不如「我生病的時候你拿雞湯過來。還有一次我的車子爆胎，你幫我換，即使那天下著大雨。」（註：你這位朋友真是太可愛了，可以介紹給我嗎？）就這個例子而言，藏在細節裡的不是魔鬼，而是這段關係中的特定輪廓，以及這個人在你生命中的重要程度。所以為什麼不試著記錄下來呢？

在凱西·瓦倫泰生日派對的幾週前，她說：「關於我邀來的人和我的過往歷史，還有我為什麼選擇這個人，我想了很多。」她補充道：「這些回顧，加上五十歲生日這件事，無疑讓我來到生命起落的另一側，讓我想要對每個人表達他們對我的意義：我記得的、感激的、也許從未說出口的。我希望到場的每個人都曉得我是因為什麼原因，才如此珍惜我們相處的時間和我們的友誼。」

由於我激烈的一週一信進度，代表我在寫信日前能有充足的時間，針對個別收信者進行思考。

我的步幅很大，過去也是跑者——直到為人母之後，我意識到，如果想按照習慣狂衝猛跑三點五英里，我最珍貴的運動時間將會無情地只剩下一半。（不過，讓我們面對現實，我從來沒有狂衝，比較像匹韌帶發炎的馬在痛苦地小跑。）可是，如果我用步行走完同樣的距離，就能得到不被家務綁住的完整一小時，還幾乎不會出汗。從那之後，我就再也沒有自願採取比小跳步更快的速度。

我每週散步的時間，就會用來思考關於當週要寫信的人的那三個問題。我在所有回憶中篩選，盡情天馬行空，基本上會以當週的收信者為思考中心，進行深刻的挖掘。不知不覺，我想著那個人的時間成為某種專屬的感謝祈禱或感恩冥想時光。

再次強調，就算你沒有真正提筆寫下感謝信，依舊能從這一部分的過程中獲得報償。研究者發現，進行感恩所獲得的重要副產品，很可能讓你更能從生命中召喚出正向事件。換句話說，你可以對心智進行訓練，讓它更容易想到正面而非負面的事，這個方法就是……多想一點正面的事。這叫「正面回憶偏誤」（positive recall bias），也可以叫做召喚愉快而非不快回憶的能力。

「有些理論和經驗上的證據顯示，感恩會使你覺得更能和他人連結，更滿足於你們的關係，並培養更多提升關係的舉動，藉著回饋成為良性循環。」幸福研究者克莉絲汀．萊奧斯博士（Dr. Kristin Layous）這樣表示。她是加州州立大學東灣分校的心理學助理教授。「大多時候，負面狀態和情緒會先吸引我們的注意力。這其實是一種適性進化，因為我們若遭到某個事物傷害，就必須先注意到它才行。」萊奧斯博士表示，「這有助於反覆對心智進行訓練——特別是對容易有負面傾向的人——尋找正面事件，並且透過積極的感激，放大它對我們情緒的影響。」

因此，即使你只是積極思考要寫什麼，也等於在將大腦重塑為去檢視生命中的好事。現在，你應該能理解為什麼我不想在四天裡急急忙忙寫完所有信件了嗎？

你可以在早上通勤時、煮飯時、在線上等待某位來自孟買、名叫「史帝夫」的客服人員時，把有關下個收信者的「如何」問題細想一遍。反正你在這些時間裡也只是在發呆，對吧？那就盡量讓發呆的方向朝著你的學校朋友艾咪，或是那位從來沒忘記你生日的小舅子。看看會得到什麼結果。

你也可以在晚上睡覺時不要數羊，改成這麼做，然後得到一夜好眠。艾蒙斯博士於二〇〇三年進行一項研究，讓一組測試對象數算好事，另一組則數算擔憂，然後測量因此產生的影響。研究發現，如果是受到鼓勵去思考感激的事（無論大小），根據報告，比起被指示思考生命中各種問題或麻煩的那組，或是睡前想偏中性事件的那組，這組參與者的睡眠品質更好。二〇一六年，一項類似研究發現，積極進行感恩練習和睡眠品質，甚至血壓的降低有所關連。

或許你會想針對每個人寫下筆記，或將腦中想法記在手機，或者快速寫張形容詞或事件的清單，或單純在腦中想一遍，然後專注在那些比其他事件更清晰的念頭上。一旦你覺得手上材料備齊，就可以坐下來寫了。

信件大綱

現在總算可以將一切落於紙上（或鍵盤）了，把你對每個收信者思考過的想法**說出口**，紀念並表達他們對你的生命帶來什麼影響。

可是，這封特製信件的規則到底該怎麼訂呢？他們給予你的經歷可能非常五花八門：從教你怎麼開打檔車、提供職涯建議，乃至老實告訴你你根本在胡說八道。這個問題很好，而且很可能根本沒有答案。我只知道：假使稍微有一點架構，就能在我寫每封信前幫我進行組織。如果你對信中一定要有什麼有點概念，總會比對著空白紙張宣告「把它填滿」容易許多。

我的信件結構是這樣的：

- **前言**：這部分很短，而且絕大部分是每封信重複使用，然後因應個人做一點小小變化。我會告訴他們，我為何選在生命這個階段寫感謝信，還有我在寫信給他們的那一週有多麼快樂。

詭異真實小故事：在計畫最一開始腦力激盪名單時，我對於哪一天要寫給哪個人完全沒有任何預設。但是在某個時間點，這整個計畫在瞬間獲得了超級詭異的宇宙對應。我預計寫給某人的那個星期，要不是他們的生日週，就是我在好幾年或好幾個月前第一次和他們親自見到面，或者發生了與這段關係有關的一大里程碑。這件事發生的程度之頻繁，到如今我已經放棄理解了。

此外，在開場白中納入這封信其實屬於某個遠大計畫之事，也減輕了我的擔憂，因為我擔心收到這封超真誠信件的人可能會有些不自在，百思不解為什麼我特別挑中他們。荷西，世界不是繞著你打轉的。我其實寫信給非常多人，而且也不會在明天晚上站在你家門外，拿著喇叭開始播彼得．蓋布瑞爾（Peter Gabriel）的歌或類似的行為。

另一方面，當雪儂進行她的一百封感謝信閃電戰，則是刻意不對任何收信者提及他們手中這封信是大計畫的一部分；他們都以為自己是唯一收到信的人。當然，這麼做徹底消除了大家拿信件相互比較的尷尬，探查到底有誰對你的生命產生影響。（由於寫了這本書，我等於親手放大了這分尷尬呢！。）

● **我們是怎麼認識的**：這是很棒的回想程序。他們是怎麼樣，又是在什麼時候初次進入你的生命？你們兩人關係的火花如何展開？特別是一段擁有了很久的關係。你們參加夏令營時住在同一個小木屋嗎？申請一份兩人都沒拿到的工作時，在人資辦公室碰到了嗎？在某個小嬰兒誕生時，是否都在接生室？或者，你對收養機構員工把某個小嬰兒放進你臂彎的畫面仍記憶猶新？我寫信給朋友蒂芬妮（第二十三封信）時，仍記得我們互相自我介紹的幾年前，曾在我們女兒的小學走廊擦肩而過，指著對方的鞋子，但沒有開口，只是點頭打個招呼。還記得初次接觸是什麼感覺嗎？這是非常值得紀念的。所以寫下來吧。

● **文章主體**：我會在這裡將對對方的想法濃縮成一個幽默的段子，基本上寫的就是他們在我生命中扮演的角色，還有應該用什麼方式呈現心中的感謝。

這裡多半會有一些「還記得那時……」但我訂的規則是，如果我放了這樣的軼事，就要把這件事為何形塑我，或是重要的原因寫出來。這裡再回到那三個問題：這個人如何幫助我／形塑我／啟發我？如果我回答不出來，也不至於破壞回憶，只是代表這件事可能不需要放在信裡。

思考你是在什麼情況下去找這個人伸出援手、尋求建議或陪伴。有什麼共同點嗎？你們曾有過的最難以忘懷的共同經驗是什麼？這件事對你的生命產生影響了嗎？如果你遇到問題，有機會打一通求救電話給朋友，你會在怎樣的問題、鼓勵或難關時打給這個人？

基本上，這個部分我能放個四到六段文字。我發現問題不在於缺少素材，而在於要怎麼收斂在一頁的限制裡。但是，一頁是我自行訂下的規則，如果你覺得這個份量很難說完，其實不用和我一樣。

- **收尾**：對每一封信，我都會努力用某種展望未來的路線收尾，像是我想和他們見面，或希望很快能一起做些什麼。畢竟，這些信的重點在於捕捉關係中的吉光片羽，不是和收信者切斷關係。

就是這樣，一點也不複雜，也沒有超級冗長。可是，一旦我進入寫信的節奏，知道得針對每位收信者填滿這個結構，就能讓思緒更方便組織起來。

以下是我寫給朋友唐恩的信件範本。她是一九八〇年代獨立音樂的狂熱舞者，也是天賦異秉的物理治療師，幫我度過上了年紀導致的痛苦五十肩時期，同時也是高階露營者，特別是和我們一家比起來。所有朋友都知道我們更喜歡待在有高級寢具的旅館房間。這封信可以做為我如何運用基本結構的優秀示範。

二〇一六年六月二十九日

親愛的唐恩，

一月的時候，由於我即將滿五十歲，覺得慶賀這一大里程碑最好的方式，就是每週寫一封信，感謝這一路上豐富我生命的人。這週，當我帶妳去吃生日午餐時，就要把信拿給妳。

我想不出還有比這更好的情境。妳為我設下好的榜樣，讓我懂得為朋友騰出空間和時間，並為了讓友誼持續成長而付出努力。不管是邀我過去喝杯咖啡，讓家人聚在一起玩傳情畫意桌遊（Telestrations），或是提議我們和孩子在週五一起吃午餐，妳溫暖且慷慨的友誼總是令我難以忘懷。只要有幸能認識妳的人，一定都會這麼說。

我還記得我是在露西和艾比念幼稚園時認識妳的。妳在遊戲場上提著夏綠蒂嬰兒用品店的袋子，可能因為我們流著紐約州的血液，但是我打從一開始就覺得和妳相處很自在。能看著我們的女兒長大成人、找到自己的人生方向，真的很棒。看到我們丈夫之間的友誼慢慢扎根，也令人高興。我也曉得，不管我們在任何時候為了妳的精湛廚藝前去拜訪，都能夠找到開懷大笑的共同話題。

此外，我還有一件事情要感謝：還好覺得在舊金山貓咪俱樂部度過一晚一點也不浪費時間的人，不只是我。再也沒有什麼比得上好幾個小時一邊看著別人，一邊隨著一九八〇年代的音樂甩動鼓棒，同時和那天晚上被帶動起來的所有人一起搖擺。如果有一天，我們老到沒辦法被戴貝雷帽的潮女、戴銅製手指虎的潮男，或任何只穿封箱膠帶比基尼的年輕人逗笑，而且DJ戴蒙還在播放布朗斯基節拍（Bronski

Beat）和新秩序（New Order）樂團的歌曲，那就乾脆直接殺了我們，讓我們從痛苦中解脫。我的五十歲生日舞會是二〇一六年最棒的一夜——這都要謝謝妳的幫忙。

我要非常鄭重地說：妳幫我的五十肩所做的物理治療，是我在四十多歲時遇到最好的事之一。當時我痛苦得不得了。然而，在那好似魔法的療程之中，我的手臂突然又能動了。妳是這個專業領域的佼佼者，我能再次恢復正常——我說真的——像個正常人一樣再次高舉雙手，都要歸功於妳的幫助。妳也最瞭解這件事對我有什麼樣的意義——請看一下前面的段落。我唯一不喜歡的就是妳把工作做得太好，所以我們一週一次的療程／八卦時間最終必須劃下句點。搞不好我會為了有理由再回去，弄斷個腳踝之類的。（**那個——大宇宙，我是開玩笑的，請不要當真。**）

你們家願意幫助我們進行露營大冒險，我們真的再感激不過。傳說中「絕不露營」的郭家人其實有個黑暗祕密，那就是：我們其實很喜歡露營，只是害怕各種設備和準備工作。自從妳張開雙翼給我們庇護，我們就對自己多了一點自信，滿心期待你們接下來會帶我們去哪個漂亮的地方。由於我父親確診，我們承受了很多壓力，可是我總期待未來能有機會再次和你們一家踏上旅程，前往森林。

簡而言之，親愛的唐恩，謝謝妳成為這麼棒的朋友、露營導師、舞廳女王、美食大廚、肩痛魔法師。在許多方面，妳都是最棒的。

愛妳的

南

凱西・瓦倫泰寫信時曾說：「每封信都非常非常不一樣，可以說是獨一無二。有許多小小的時刻鑲嵌在我的記憶中，甚至連收信者都不知道。我寫下欽佩他們的地方、從他們身上學到的事情、和他們相處時的感受，還有我為什麼因他們而驕傲。」凱西補充道：「我也會寫下我們曾發生的不和與衝突，還有我們如何找出解法。我會不斷重修，直到內容能完全容納在一頁之中；我希望他們都可以是平等的。」

如果你對寫出來的內容不如預期有任何擔心，如果你不確定自己要說些什麼，如果你不確定會不會有人想收到你的感謝信，我要問你一個問題：你曾在收到某人真心誠意的實體信後冷笑一聲說：「哈哈，**這**爛死了！」然後丟進垃圾桶嗎？

我大膽猜測沒有。

也就是說，你可能會對與收信者分享情感有所遲疑，擔心自己強烈而深沉的情緒會讓他們難以承受。你想像著某人打開你的信，大致掃過一遍後想，*珍妮佛是快死了嗎？她為什麼要寫這個？*然後請一一九去妳家看妳有沒有出事。在某人的臉書上寫下所有人都能看到的作秀型感謝，與書寫更私人、更深刻的感謝信之間，是有很大差別的。

寫這種信確實可能讓人露出脆弱的一面，因為你讓別人知道你信賴並倚靠著他們，而且他們以某種方式形塑了你。這確實有些可怕。我會說，在這個網路言論充滿誘惑、氛圍和無所不在的時代，人們更容易在群眾中感到孤立，即使（甚至特別是）我們明明待在同一個空間，卻都低著頭看自己的智慧型裝置。為了讓你和重要的人之間的連結更深刻，鼓起勇氣表達感激是非常美好的行為。

這些日子以來，大量敵意和憤怒的火焰包圍我們，往往令人先入為主地覺得別人居心叵測。也許，我們可以把你寫的每一封信當成貢獻給社區消防隊的一桶水，去冷卻及安撫整體氛圍。如果你曾想振作精神，做出一些勇敢的舉止。孩子，現在就是最好的時機。

當然，我無法代表世上每一個人，但是我可以告訴你，在我寄出的這麼多信之中，沒有任何收信者反應不佳。他們表達的謝意有小有大、各式各樣、節奏各異——大家處理事情的方式都是不同的——但當我告訴他們，我多麼重視他們在我生命中扮演的角色，沒有一個人因此與我絕交。如果真要說有何不同，我甚至覺得寫信使得這份友誼更上一層樓。

彼得森博士在《正向心理學入門》（*A Primer on Positive Psychology*）一書中，如此概括他對感謝信回應的見證。「在十數封感謝信的經驗中……就某種意義而言，可以說收信者是『百分之百』受到感動。他們多半激動流淚，而且寄信者也一樣心滿意足。」

收到信的人不會在意內容能不能得到普利茲文學獎，他們不會在乎上面有劃掉或拼錯的地方，也不會在乎你的信是寫在一張廢紙上。收信者在乎的是你花了時間認證他們的真心誠意。你把中學一起踢足球而產生的羈絆寫了進去，把他們在清真寺做志工的事情記錄下來，還說出那件事是如何啟發你更積極地參與自己的社區事務。

不管你寫什麼都是完美的，因為你花了時間去做。

準備備份

不管怎麼強調這個步驟都不嫌多。可能是因為當我發現這對我有多大的幫助時，真的非常驚訝。

替你寫的每封信準備實體備份，因為你會對這些信產生非常強烈的**感受**。

就像製作名單能夠提振你的精神，我保證，當你看到感恩計畫最終完成的結果，不管最後你決定寫幾封實體信，都會成為一劑萬靈丹——而且不會有過期日或自付額。

以我的例子，要製作備份十分容易。因為我用的是Word檔案，只要每次開始寫新的信時多加一頁就好。我會將所需的頁面印出來、簽名、每週寄出。在計畫的最後，我只需要在整整五十頁的文件按下「列印」，就可以一次閱讀所有信件。

如果你是用手寫信，就要在每封信寄出前掃描或拍照，把備份丟進資料夾——無論數位或實體——然後再繼續寫。當你寄出最後一封信，就會擁有全世界最棒的一本文集，而且完全由你親手製作。

我覺得大家在製作封面和設計書本時，一定覺得樂趣無窮，但我在這方面實在不怎麼樣。我最後一次對平面設計有任何抱負，是在一九八二年的高中美術課。而且當時的成績更是堅定了我主修商業的決心。所以我走捷徑：把信全寫完後，在當地影印店把它們印出來、裝訂好，採用素雅的黑白封面——沒錯，就連幫書名頁選個有顏色的字型，都證明是遠超過我的美學能力的一大挑戰。

但是，你也可以為了你的書本設計投入心思——封面、裝訂、排版。基於書中蘊含的愛與細節，或許你的信件選集完全值得親自學習裝幀技巧。又或者，你也可以去找能把文字變成印刷書籍的隨需印刷服務，客製自己的書。這樣它也會擁有書背等等，樣樣不缺。

但你也可以完全跳過設計，直接把所有信件放進盒子或是你在店裡買的資料夾，文具店萬歲。

重點在於把信收在一起，並讓它隨手可得。

我把我的感謝信書冊放在床頭櫃最下面那層，不時就會拿出來翻一翻——例如換衣服換到一半，或上床睡覺之前，或拖拖拉拉不去折洗好的衣服。有時我就只是翻過去。五十頁的感恩——五十頁。當然，我可能得去盡陪審團的國民義務，或是再也無法把去年夏天能穿的衣服扣上釦子。可是，只要我瀏覽那年寫下的信，就會想起自己其實過得還不錯。

感恩的想法可以壓過壞念頭，這是正向心理學另一個新興的研究領域。萊奧斯博士表示，她採集了五個研究，都得到感恩效果抵銷負面思緒的結果。她表示，「在降低負面效應方面，或說經歷負面感受或情緒，感恩的功效就和分散注意力一樣好。不過，感恩還有附帶的好處，同時也能促進正面效應，可是分散注意力卻會減少。」萊奧斯博士表示，在正面與負面效應發生改變的同時，也會讓其他改變一起連動，「更高層的正面效應，會和參與者的主動脫離、積極行動或以某種方式社交有關。兩者都能讓幸福得到正回饋的循環。」

我推薦備份還有另一個原因，尤其是對為人父母者。我往往會想，當我不在時，這本書就能讓我的孩子知道我在這個世界上擁有怎樣的關係、得到怎樣的支持與愛，能知道自己的媽媽除了母親角色之外是個怎麼樣的人。身為青少年，她們可能還沒做好心理準備。可是當有一天她們長大，我希望這些感謝信能幫她們記得我。

寄出信，但不寄也行

你寫好了一封信，現在該來貼郵票寄信了。你對於寄信感到很緊張嗎？這是很常見的事。

人們對他人表達感激時，多半遠遠低估了它為受惠者帶來的正面影響。二〇一八年六月《心理科學》（*Psychological Science*）上有一篇文章，研究者阿米特・庫馬（Amit Kumar）和尼可拉斯・艾普利（Nicholas Epley）發現，透過書寫感謝信表達感恩的人（看吧，我就跟你說這是不可或缺的祕訣）明顯低估了收信者受到感激的訝異程度，也明顯高估了收信者會覺得奇怪的程度，甚至也低估了收信者獲得的正面感受。

這樣真的十分可惜。因為低估很可能會阻礙人們進行利社會行為，這種行為多半被定義為正向且很有幫助的，往往能促進社會接受度與友誼，就和表達感恩一樣。

「錯估社會聯繫對自己或他人的正面影響，容易使得人們的利社會程度和自身健康程度不足。」作者呼應一九六七年瑪莉・渥特莉・孟塔古夫人（Lady Mary Wortley Montagu）說過的話，「禮貌不花分毫，卻能買到一切，」然後繼續表示，「表達感激也許不至於能買到一切，可是能獲得的或許比大家想像得更多。」

行為科學家克雷・羅德里奇（Clay Routledge）在二〇一八年於《紐約時報》（*New York Times*）針對美國從一

九九九年起逐漸升高的自殺率發表的文章表示，心理文學（psychological literature）提出，與他人的親密關係是我們最大的存在資源之一。更甚者，科學顯示，這能在關係中感覺自己受到重視，讓我們能夠堅定、與他人產生連結並遠離絕望。而讓那個人知道這件事最好的方法，不正是把他們讓你感受到的價值，寫在讓他們方便攜帶、容易閱讀的紙上嗎？

更棒的是：沒有人說你一定得把信寄出去。

當你想到那些形塑你的人，絕對會有幾個反面例子。例如，讓你成為時間管理大師的爛老闆、讓你學會一切不是理所當然，有暴力傾向且對家人惡劣的親戚。有時候，只要寫下你從他們身上看到的借鏡，還有這如何給你帶來益處，就已經足夠了。

也許，你欠了一些人非常多的感謝，但是聯絡他們似乎會造成困擾。例如曾經的朋友，或是前任戀人。

也可能你就只是對於寄信不太自在。我不想讓自己受到太多關注。大家會不會覺得非得回信給我不可？要是在他們記憶裡，事情的發展不太一樣呢？要是他們收到之後想說「這個人是誰啊？」那怎麼辦？

記得我們說過的：荷西。除了你之外，沒人會這麼在意。如果你想要寫信給別人，但是不想寄出去，那就把信收起來。任務完成。

卡特博士表示，「寫感謝信的第一目的是反思練習，讓你意識到自己的感恩，並幫自己培育這種正向情緒。因此，有益神經的事物來自感到感恩，不見得是寄出信件。」

梅莉莎為感恩計畫選擇收件人時說：「舉例來說，我寫了一封很長的信給之前的好友；因為她，我們的關係以最糟的方式破裂了。」那位朋友做出徹底違反梅莉莎價值觀的舉動，反而使梅莉莎在過程中更堅信自己的道德準則。她選擇把信唸給兩人的共同朋友聽，那位朋友也很清楚這份友誼終結的所有背景，並驗證了她這一方的過程。梅莉莎補充道：「即使我沒有把信寄出，仍舊得到了尋覓十五年的句點。」

梅莉莎的經驗算是在過程中幫我默默上了一課：感恩與原諒其實界線模糊。原諒能釋放出沉溺在過去傷痛中的我們，才能用更多時間去看見身邊的美好，讓自己產生感激。

尤其，當某人的惡行跨越了身體或心理上的界線，變成虐待，要懷抱感恩恐怕不太可能。就算你能做到，通往真正的原諒恐怕也是長路漫漫，而且充滿障礙。

另一方面，新興科學領域將原諒和改善身體與情緒健康做了連結，長遠來看更能夠通往高等級的幸福。維吉尼亞聯邦大學的一項研究，量化了能原諒交往對象的人的血壓、心律及壓力荷爾蒙的降低程度，而同一個研究室也發現，「能夠原諒他者的人，都報告其在關係的品質和投入程度都會更佳。」

我不願意輕看任何人的痛苦，可是努力從辛苦的過往關係中找出正面經驗，並且寫在紙上（無論有無寄出），最終都可能成為踏上原諒之路的第一步。

我的其中一封信是給一位大學後就消失無蹤的童年密友。我的聖誕卡片毫無回應，經過他住的小鎮時留的語音信箱也沒有人回。我們的共同朋友都知道他的一舉一動，可是他卻以一種令我同時感到不解又痛苦的方式，把我從生命中剔除。

即便如此，我還是寫了信給他。因為我深知，我們還是朋友的那幾年對我來說至關重要。高中時，他似乎料想到我恐怕會因暴食、髮膠過量外加狂追男生，走向自我毀滅。他也問過我，到底對自己有何期許這種嚴厲問題，至今仍在我腦中揮之不去，甚至我到今日都還不太確定答案。所以我把他的名字放在名單的第三十六號。在寫信給他的過程中，我意識到，即使我對於自己遭到拋棄感到憤怒，卻遠不及我對他在我毫無自信時所給的信任。所以我這樣寫：

我們在六年級的科學課成為朋友，你是我整個中學時代最喜歡的人之一。沒錯，你是男生，可是你很善良、很普通、很有趣，又很聰明，而且用平等的態度對待我。不只這樣，你似乎比我更能看出我的潛力。那時我還不夠成熟，不懂珍惜，可是我看得出你懂。對一個自信不足的十五、十六、十七歲女孩來說，這樣就已經非常足夠。

把這些想法整理出來，讓我感覺好了一點，接著我便把信件收了起來。

奇妙的是，當我寫完信（可是沒寄）不到一個月，這位老友就透過社交軟體來聯絡。打從那時，我們的友誼便悄悄回到（儘管滿是塵埃）陳年舊軌。如果我沒有這樣一路寫到釋懷，恐怕不能準備好面對他主動釋出的善意。這樣算不算是用書寫恢復友誼呢？也許吧。我那位熱愛心靈和形而上理論的努妮阿姨（第七封信）無疑會表示其中必定有連結。

歌單

沒錯，歌單。我的部落格和播客節目的名稱裡都有「混音帶」一詞。我是那種開車一定堅持要擔任車上DJ的傢伙，也是為了以防萬一，早就在iPhone裡排好葬禮歌單的那種人。我更是常在對話中蹦出歌詞，說出口前還得先悄悄翻譯回正常人的語言。如果你問「現在是什麼時間？」（What's the time?），我的腦中就會想到「發瘋的時間！」（Time to get ill!）[4]，然後才會經過我腦中的野獸男孩（Beastie Boy）濾網回答你：「十一點十五分。」

所以，我不是要幫你名單上的每一組名字設計專用歌單，只是寫這本書時我真的控制不住自己。有些歌的靈感來自我在那個分類的收信者，有些則是來自分類本身。每章最後都會有歌單，而且我也歡迎你在寫的時候播來聽聽並找靈感。我本身在寫東西時聽不了任何音樂，因為就算是最輕微的碰碰碰，都會讓我站起來，抓起最近的一把梳

❹ 兩句皆為野獸男孩一九八六年專輯《Licensed to Ill》中〈Time to Get Ill〉的歌詞。

子開始唱歌，所以簡直等同生產力的地獄。如果你也和我一樣，最好改用棒球上場音樂歌單，或是留待信全寫完後跳慶祝舞時再聽。

關於接受的小提醒

為了對他人表示感恩，必須擁有一個非常重要的心態：你得承認自己需要幫助。

這是很困難的。我們活在一個讚頌強者而非弱者的社會。我們讚揚勇敢，而非恐懼；我們稱讚能夠自立的人，而非需要幫助的人。美國的國定假日叫「獨立紀念日」（Independence Day）；皮威・赫爾曼[5]是天涯一匹狼，是個反動者。我們就喜歡那樣的他。

但是，或許我們在這分歧且暴戾的時刻都需要療癒，因為我們應該慶祝的是「相互依賴日」（Interdependence Day），慶賀我們以各種方式依賴著彼此。這個日子可以擁有屬於自己的派對、煙火，還可以找快閃團體表演《歌舞青春》（*High School Musical*）裡那首〈我們歡聚一堂〉（We're All In This Together）。

為了好好感謝身邊給予我們幫助與支持的人，就表示必須碰觸生命中各種未竟的不堪過往，也表示必須撕去「我是用自己的方法處理」的假面具，承認我們並不曉得該接受哪個工作邀約、和不對的人談戀愛、犯下明顯的教養錯誤，直到有更聰明、更有經驗的父母給我們忠告。

這對男性來說顯然是特別困難的挑戰。二〇一二年，約翰坦伯頓基金會（John Templeton Foundation）進行的一項感恩研究顯示，一般而言，女性比男性更有辦法表達感激，並感受生活中許多值得感謝的事，並且多半比男性更能對各種各樣的人表達感恩。美國男性的掙扎或許比其他男性更多一些。一九八八年一項研究顯示，德國和美國對照組相比，經歷過更多樣化的情緒。此外也發現，美國男性多半不喜歡所謂的感恩，並認為這個情緒難以表達，有些人甚至覺得表達感謝很羞恥。超過三分之一的三十五歲到五十歲美國男性表示，他們寧可把感恩藏在心中也不願公開來說。

這完全是錯失大好機會。因為不斷有研究顯示，無論是哪種性別，能表達感恩的人總是比較快樂。事實上，一九九八年一項蓋洛普調查發現，超過90%的青少年和成人

---

❺ Pee Wee Herman。由美國演員保羅・魯本斯（Paul Reubens，1952-2023）在一九八〇年代創造的喜劇角色。

作答者都說，表達感恩幫助他們感到「非常快樂」或「有點快樂」。艾蒙斯博士對於數幸福或數擔憂的研究之結論是：「有鑑於這個模式，感恩對於增進健康具有高度效用，此外也有助於發展精神、社會以及心靈層面的資源。」

所以，當你檢視寫信時必然浮現腦海的記憶，有兩個心態可以選擇：一個是自我批判。*你到底是怎麼搞的？為什麼老是需要別人建議？你怎麼就沒辦法自己搞清楚呢？一開始你到底為什麼會讓自己陷入那種局面？*

在寫給父親的信中，我提及接下德國的工作。當時我二十二歲，離家千里遠，還沒有能力擔負這麼重大的工作和這麼神經質的老闆外加巴伐利亞方言，於是這成為我這輩子前所未有的寂寞時刻。某天，我走出去散了一個好久的步，想清理一下腦子，結果馬上迷路了。我沒錢坐計程車，沒有地圖，沒有ok繃能貼冒出來的巨大水泡。最終，我在BMW總部對面的人行道中間坐了下來，身穿一九八〇年代套裝（有著巨大墊肩和鬆垮領結），在大庭廣眾下吼了整整二十分鐘，把路人和他們牽的迷你臘腸狗嚇得半死。從許多角度來看，接下一個我根本聽不懂客戶和同事在跟我說什麼的工作，著實蠢得可以。我甚至得花自己根本負擔不起的德國馬克，才能打長途電話聯絡到我認識的人。

另一個心態是自我關懷。你看，你懂得接受自己需要幫助；你看，你很清楚寫信的對象就是給你金玉良言，或順道載你一程，或在你最需要時為你準備起司通心麵的人。雖然你脆弱、恐懼、需要關懷，但你知道該去找誰搬救兵。更重要的是，你聰明且謙卑，懂得接受幫助。當我父親出現在慕尼黑確認我的狀況，我沒有假裝自己很好，而是閉上嘴巴，仔細聽他說的每一句話。

接受別人幫助並不代表你很脆弱，這是你對他們的回禮。如果你曾對別人做過什麼善舉，就一定會懂。如果你能對生命中需要幫助的人伸出援手，他們卻表示拒絕，振振有詞說他們可以自己來，你一定就更懂了。

把自我批判丟進垃圾桶，專注在自我關懷上。你確實有著缺陷，可是你知道該在需要時接受幫助。在我聽來，這實在非常完美。

現在，你應該比較知道用什麼方式去看、去說、去感受更適合你。在這本書其餘的部分，我會幫助你腦力激盪，找出那些能成為受益者的幸運兒。

歌單——列出你的信件名單

1. For Beginners — 霍爾先生（M. Ward）
2. Unwritten — 娜塔莎．貝汀菲兒（Natasha Bedingfield）
3. Don't Stop Now — 芬氏兄弟（The Finn Brothers）
4. Don't Panic — 酷玩樂團（Coldplay）
5. Do You Realize?? — 烈焰紅唇合唱團（Flaming Lips）
6. Line 'Em Up — 詹姆斯．泰勒（James Taylor）
7. I'd Write a Letter — 艾爾．格林（Al Green）
8. The Letter — 盒頂合唱團（The Box Tops）
9. Please Read the Letter — 羅伯．普蘭特（Robert Plant）❻、艾莉森．克勞絲（Allison Krause）
10. Ain't Wastin' Time No More - 歐曼兄弟樂團（The Allman Brothers Band）
11. Box Full of Letters — 威爾可合唱團（Wilco）
12. It's Quiet Uptown — 漢米爾頓-音樂劇原聲帶混音版（The Hamilton Mixtape）/ 凱莉．克萊森（Kelly Clarkson）
13. Ease Back — 艾摩斯．李（Amos Lee）
14. The Call — 蕾吉娜．史派克特（Regina Spektor）
15. Signed, Sealed, Delivered I'm Yours — 史提夫．汪達（Stevie Wonder）

---

❻ 齊柏林飛船前主唱。

第二章

家庭第一

不管家人在哪裡，我們都要照顧他們。

——《享受吧！一個人的旅行》(*Eat, Pray, Love*)，

伊莉莎白・吉兒伯特（Elizabeth Gilbert）

當你坐下來開始寫第一封感謝信，合理建議先從和你同姓氏以及／或者曾祖父母開始。因為你可能和部分或所有人一起住，這樣可以省去一大筆郵票預算，每日步數還能直接貢獻給走過去把信放在大廳，任務就完成了。其他原因？因為他們認識你最久。如果你需要一顆腎臟或借一輛車，累積一下人品不會少一塊肉。

不過，從家人開始的真正原因，當然是因為親屬關係以超出比例的方式形塑我們。他們在你出生時把你從醫院

帶回家（或是反過來）；他們在祖母的葬禮中，肩並肩站在你身旁，和你因為同一個原因而悲傷。他們在你小時候冷酷無情地堅持用「小矮子」的綽號叫你，即使你現在四十六歲，雖然對此有點火大卻又感到安心。如果這一章節談到的人能寫信的原始資料沒有多到滿出來，就代分量不夠。所以他們正是激勵你的最好方式。

寫這一章時，我意識到自己和大多家庭成員都維持親密且多半正向的關係，這並非所有人的常態。我知道許多善良又美好的人都至少和一名家庭成員有著複雜的關係，例如：會偷父母錢的手足；導致兒孫前路黑暗的獨裁父母；破壞家族生活的不負責任叔叔。如果你和某個親戚形同陌路，也許會認為沒有任何需要感謝那個人的地方，而你也可能是對的。

當然，當這份名單上的人加上了個「繼○○」、「異○○」和「前○○」，往往會多添加些許微妙和複雜的感受。許多人都擁有重組家庭，你我都可能有如綜合果汁裡的一個品項。

儘管這些關係錯綜複雜又美麗惱人，我依然要請你思考它們為你的生命帶來什麼正面影響。早早就得自給自足，表示你能在狂風暴雨中冷靜以對；你決心讓孩子得到你從未得到的愛，或是因為受到刺激，決定組一個自己挑選的家庭，從中獲得愛與支持。如果寫這些信，或只是思考做這件事，能幫助你重新看見並專注在這份親戚關係的正面面向，那麼，你就是個了不起的人，我要對你點石成金的能力致上最高敬意。

父母

我開始計畫時，第一封信是寫給母親。我想這算是我欠她的，畢竟我在她子宮裡住了九個月，也沒付房租。我和母親向來很親近，在衰落的一九六〇年代，當她帶著我的兄姊去少棒聯盟練習、參加童子軍以及課後保齡球，我都黏在她後面當跟屁蟲。母親和我長得也很像。當我生下麥蒂，未來的外婆就在接生室，婦產科醫生（第三十八封信）看到我剛生出來的女兒時說的第一句話是：「哇啊，她長得和妳一模一樣，而妳長得和妳媽媽一模一樣！」能將這麼強的基因傳承下來的人，完全有資格成為我感謝信名單的第一位。

但是，我之所以將母親放在第一位，另一個原因是她在五年前診斷出失智症。隨著她的認知能力越來越差，我希望至少一想出這個計畫就馬上寫信給她，在短時間內或許能讓慢慢剝奪她的語言能力和記憶的病症稍微慢下腳步。

當然，你也可以用感謝母親生下了你當作信的開頭，可是我覺得這件事太重大且太明顯，好像就有點失去意義。反之，在寫給母親的信中，我試圖尋找的是童年時光的一些重要事件。也許從各種角度來看並不怎麼樣，卻又因此非常閃閃發光。感謝回憶的魔力，我學到身為成年人，年紀還小時視為理所當然的一切，其實都是恍若奇蹟的禮物。這裡的意思是，如果你需要一個真心珍惜你無聊家庭的理由，去讀法蘭克・麥考特（Frank McCourt）的《安琪拉的灰燼》（*Angela's Ashes*）、瑪雅・安吉羅（Maya Angelou）的《我知道籠中鳥為何歌唱》（*I Know Why the Caged Bird Sings*），或是泰拉・維斯托（Tara Westover）的《垃圾場長大的自學人生》（*Educated*）。孕育我的那個充滿了愛、舒適自在又風平浪靜的家，也許讓我沒有替受盡磨難的童年寫下暢銷自傳的機會，可是我要媽知道，當我也身為人母，便非常清楚想要打造一個穩定的家庭生活需要付出多少。

事實上，正是因為母親恆久而堅定的存在，我才能夠去追逐人生目標，一有機會就立刻離開羅徹斯特市。我從十四歲就決心成為護照上蓋滿戳章的都市人，還要交個有口音甚至畫眼線的男友——都怪亞當．安特（Adam Ant）那首〈留下買路錢〉（Stand and Deliver）音樂錄影帶。我之所以能無憂無慮地將家鄉拋在身後，是因為我打從內心深處知道，只要回家，母親永遠會在。我能有辦法承受風險，是因為我有一張用愛織成、如同金屬網般堅韌的安全網。

對於我在二十二歲拿到的慕尼黑工作，母親的反應其實是我放在信中的其中一件軼事。我幾乎是在接下工作的三十年後，有了年紀和當時的我差不多的女兒，才終於能夠理解我打電話那天媽究竟懷抱怎樣的心情。

說到妳，有一件事我應該這輩子都會感到不可思議。我打電話跟妳說我拿到了大學畢業到德國去的工作，妳說：「真是太棒了！我等一下回電話給妳！」然後就掛了我的電話。無論以前或是以後，妳都再也沒有這麼做過。即使當時我才二十二歲，也曉得原因是什麼：妳在努力振作，好真心誠意替我開心。幾分鐘後，妳打回來，也真的表現出替我開心的模樣。

如今，我五十歲了，對於麥蒂要因為念大學而搬到東岸，簡直要把持不住。我真不曉得妳怎麼有辦法處、理、得、那、麼、優、雅。

母親的大方放手讓我的人生變得截然不同。那份德國的工作，我做了兩年，我甚至交到了有口音的男友，雖然他從來沒畫眼線。然後我回到美國，再回學校念國際管理研究所，認識了安德魯。如果我在一九八八年那個春日打給媽時，她阻礙了我或是大哭，或試圖勸我不要搬那麼遠，我還真不知道現在的我會在哪裡。但是不管怎樣，我無法想像自己會比現在的我更好。

然而，在這件事上還有其他種類可以挖掘。你的母親或繼母喜歡你的伴侶嗎？她是個事必躬親的祖母嗎？你創業時，她會贊助你嗎？會教你怎麼做那種成為你拿手好菜的完美派皮嗎？又或者，她以自己作為前車之鑑，讓你在碰到相同抉擇時避免犯下同樣的錯？和母親的關係緊繃，是否讓你更懂得重視對你好的人？這些在在都能成為這封信的材料。

我把信寄給母親後，打電話給她，確認她有收到。我當然想明確知道她有什麼反應，說不定她會願意和一個曾被她喊做「小花生」的孩子分享這個回憶。

「我有收到！」她說。接著，她因為想要嘗試對話而結巴了幾次，又再次回到自己比較能夠心口協調的主題：約翰．丹佛——不過精確來說，其實是每年夏天會在羅徹斯特市做幾場約翰．丹佛模仿的人。「我跟妳說，他要回來了。」她說。

「約翰．丹佛要回來？他現在還是死的喔，媽。」我開玩笑地說。謝天謝地，儘管生了病，她還沒失去幽默感。

「不是，南西，是另外一個。他真是厲害。」

不管母親現在能不能表現清楚，我確定在她心中對我的愛仍分毫未減。然而，當我在信中寫下「我想要說的是，我還小時因為年紀太輕又太蠢，所以無法理解，但是妳等同我生命中一切快樂和平靜的起源」時，不知道她是否能懂。

答案我不得而知。但是，我很慶幸自己連一天都沒有多等，立刻寫信。

在給母親的信寫完後，我就寫給父親，照著我的一週一信步調。不過，我基於策略，決定先不寄出她的，之後才把兩封信放在同一個信封裡一起寄出，這樣他們就能同時收到。就算他們已經結婚五十八年，也不用對他們拋出這種偏心的定時炸彈。

我給父親的信件內容則和母親的非常不一樣。而且，儘管那只是我寫的第二封信，我卻已經開始發現，找到我這輩子獲得的支持是多麼有用的練習。你不會想找我父親討論戀愛問題，或該怎麼讓寶寶更好入睡，是查爾斯王子還是威廉王子最適合接下王位，他不走這個路線。這個找我母親就可以了。

父親可以對一份工作的所有優缺點侃侃而談，或針對改善排水提出建議，或是推薦你一個稅務士。嚴格說來，他熱愛危機，能從中得到力量。不過，我的意思不是他希望孩子遇到危機，但是或許，他知道一旦危機成真，就是他的老爸超能力大顯身手的時候。

因為要搬去德國，我訂了從羅徹斯特飛往紐約再到慕尼黑的機票，父親堅持和我同飛到紐約的這一段，說要看著我登上橫渡大西洋的航班，再轉身直接飛回家。

我覺得挺沒面子的。首先，我二十二歲了，什麼都曉得。第二，他來到底能幹麼？當我在紐約甘迺迪機場拿到我的兩只行李袋，並努力提到漢莎航空的國際櫃臺報到時，答案浮現了：在羅徹斯特到紐約那一小時航程中，其中一個行李袋勾到某塊金屬，整個被撕破，所以把要陪伴我數年的各種世俗的個人物品，在行李轉盤上灑得到處都是。

就在那一瞬間，天知道我父親從哪兒變出一卷封箱膠帶，把我的行李袋貼起來，然後使勁兒把它搬過航廈、托運到慕尼黑。這，就是爸要為我做的事。

其實我有一個理論：所有父母都有屬於自己的超能力。我的公公郭文東（Boen Tong Kho，後稱BT）出生於印尼，二戰開始前不久搬到荷蘭，最後和其他亞洲學生一起進了德國集中營，後來獲得營救，接著取得兩個化學博士；一個在荷蘭，一個在美國。再接著於賓州和我婆婆結婚、建立家庭。他的隱藏超能力清單大概有一英里那麼長，然而，他從內而外最耀眼的光芒，大概是對美國每所學院大學如百科全書般淵博的知識。

如果你告訴BT，你念「愛荷華州的格林內爾學院（Grinnell College）」，他不僅會非常想聽你聊聊在那裡的一切，還會先告訴你，格林內爾的率取率有18%，是由信仰公理會的人創立的，因此吉祥物是開拓者[7]。這個能力

---

[7] 二〇二〇年時改為松鼠。

令人非常印象深刻，但我最愛的是其歷久不衰的特性。BT在二〇〇八年過世，但還是有其他郭家人能告訴你，你想知道的美國大學情報，而我正好嫁給了那個人。這個可愛的特質從父親傳到兒子，顯然又傳給女兒。露西的年紀還沒有大到能傳承所有大學校園的知識，不過她大有可為。我們時常會在晚餐時刻坐在一起，桌上放著《權威大學指南》（*Fiske Guide to Colleges*），以防突然想確認某所大學到底是在一八〇三年還是一八〇六年創立。

回想你生命中父親或繼父突然活了過來的某些時刻，彷彿這正是他與生俱來要扮演的角色。回想看看你如何得到幫助，又如何體現在你、甚至是你孩子的個性中？這會成為很適合放在信裡的觀察。你的父親在少棒聯盟當教練嗎？他會教你下棋嗎？在你頭也不回地放棄網球以前，他曾耐心地坐在那兒陪你比過六百次比賽？

承認你和某人的關係經歷陣痛期，也沒有問題，如果你想努力尋找未來發展的可能性，而非復仇或辯解。這些信並不是要燒掉的書，而且如果方法正確，就能成為重來和理解的機會。

我父親篤信人要替自己承擔責任。「這聽起來像是『你的問題』」是他對我們說過的最討厭、最不喜歡的話。

只要他認為某事在我們的能力範圍之內，他就會把責任下放到三個小孩的肩上，要我們自己去解決。

這些「你的」問題之中，我有一個很確定自己想放進信中。安德魯和我在結婚前就合併了帳戶。不是因為我們愛到昏頭、心意相通，而是彼此都沒有能在美國銀行開個別帳戶的最低金額。我們兩人每月認真付清三至四個大學和研究所的貸款，總是從疊在桌上的小冊撕下一小張折價券和我們的支票一起寄出。結婚五年後，我們差不多存夠了錢，能支付研究所畢業後住進的一間華盛頓特區小排屋的訂金，我們缺的（而且只是暫時）只有過戶結算費。

安德魯甚至還來不及提出各種選項，我就已經拿起電話問父母能不能跟他們借。他們並不富有，可是我相信他們能湊出我們所需且相差不多的一筆錢。此外，我最多只要一、兩個月就能還他們了。

我打了電話，父親說不行。「不行。」

父親只多說了：「我覺得如果妳和安德魯全都靠自己，未來會比較踏實。」我唐突地道了個再見（母親在分機上大吼大叫著說「南西！南西，不要掛電話！南西，我等一下回電話給妳！」）然後安德魯和我就開始努力思考要怎麼靠自己做到這件事。

最後，我們想出買下房子的方法。我猜父親還是有幾分道理。當我在給他的信裡感謝他的「放手哲學」，腦中想的就是這件事。

特別是我在六個月前寫下這些話後，父親發生了那些事，我很慶幸自己沒有趁機算舊帳。生命是短暫、珍貴且難以預料的。當我寫完這封信，告訴父親我們多麼感謝他願意接下家中那些等他來完成的修繕活兒，還不曉得那已經是他最後一次來我們家。如今，我們仍有待掛的畫和待刨的儲藏室門放在家裡。

父母在你心中最重要的是什麼？他們教會了你什麼事？他們給了你和你的家人什麼禮物？如果父母以後——或現在就已經不在，你最想念什麼？

手足

從他們第一次打我們的小報告，到最近一次針對教養的煩惱或職業的兩難給予忠告，我們完全可以用摻雜親暱和競爭、深沉的愛與恨的大雜燴來形容手足關係。生命中，只有我們可以嘲笑或對他們無情撻伐，要是外面的人敢動手動腳，這些人就完蛋了，我們的怒火絕對是無邊無際。沒有手足的人通常會有一個親如手足的朋友。（如果你生命中有人讓你又愛又被逼瘋的程度相當，那你就知道那個人是誰了。）

我一解決完給父母的信，自然想到要寫給另外兩位打從出生就認識我的人：姊姊莎莉，和哥哥賴瑞。身為成年人，我們之間非常親密，即使他們都住在紐約上州，我則住在加州。雖說還小的時候……好吧，我在寫給賴瑞的感謝信裡，有部分都在拐彎抹角地進行真心的道歉。像是我們念中學的某一天，我毫無緣由地把他鎖在地下室，只因他跑去有時會偷電我們的那臺破冰箱拿汽水。由於他是個身高一百八十八公分的足球選手，我才會趁機先發制人，出手報復一個我在生理方面絕不可能贏過的人。（至今我還能聽到他從地下室窗戶大吼復仇計畫的聲音，而我則惡人沒膽地躲在對面鄰居艾美的家裡，又高興又害怕。）

事實上，當我們成為父母後，偶爾回想和手足發生過的那些衝突，反倒令我覺得安心。沒錯，我們現在處得很好，可是還小的時候對彼此幹的糟糕事其實也不少，那也就表示我的女兒也可能擁有屬於她們的、偶一為之的無情時刻。

莎莉一直是我在為人父母和職場生涯的典範。她在三個孩子進入青春期前就成了單親媽媽，除了全職工作，還同時回學校追求全新職涯。我這麼對她寫道：

每次我對朋友吹噓妳，一定會最先提到兩件事：第一是妳照料孩子的方式，他們三個也是我在世上最喜歡的人。妳為我示範了我想達到的教養標準，在愛與支持之中，摻入明智且仁慈的睜一隻眼閉一隻眼，並因此教養出三個幽默、善良又有能力的人。妳憑藉一己之力做了這麼多，使得那些成就更令人印象深刻。如果我努力從妳身上學到的平衡，能反映在麥蒂和露西身上，我一定會既驕傲又感到釋然。

看到妳憑藉熱情在旅遊業找到第二春，真的令人驚喜不已。當我決定在四十歲時取得一張寫著「作家」的正式名片，馬上就想到妳是怎麼成功地在事業上做出一大改變。

我想感謝妳照顧媽媽、爸爸還有努妮阿姨。我知道他們很感激妳每次的探訪、來電、載他們去醫院掛號、做英式鬆餅和烤肉，還有妳給他們的一切。但是我希望妳知道，我也是一樣的。人生在世，關於應該怎麼幫助別人好好生活，妳示範了一個很好的姿態。

父親過世後，我和手足變得更親近。我們三個現在就像上好油的機器那樣合作無間地照顧母親：莎莉負責醫療照護，賴瑞週日帶媽吃晚餐；我則負責她的財務。就算我們之間還殘留手足相爭的舊帳，或孩提時代的宿怨，也早早埋在了如山高的感激底下——我們在一九八〇年代搬離父母家，他們給了父母、我的孩子和我無邊無際的支持。

此外，我決定也將賴瑞結婚二十七年的妻子雪莉涵蓋到我的手足信件。沒錯，她是我的大嫂，但這只是個稱呼，或者類似我在以下寫的：

> 我真心感激妳照顧我的父母。妳對他們那麼好，簡直像是他們不用經歷醜惡青少年時光的優秀女兒。

我知道很多人都跟我一樣曾和手足交惡，但是和手足關係好的朋友也不在少數，所以這是另一個值得花時間細想的分類，能夠檢視我們如何受到正面與負面力量形塑。

也許你並非自願擔下照顧年邁父母的責任，只是因為缺少兄弟姊妹參與而已。唱獨腳戲可能非常疲憊、花錢又挫折。但你也可以想像一下未來：這個經歷將會變成一個贈禮，變成在對父母盡孝的同時為孩子設下榜樣的方式？又或者，你接到一通電話，必須把手足從他們惹出的麻煩裡拯救出來，而且這件事還發生過不只一次。由於你擁有所需的手段和資源，他們也知道永遠都能找你幫忙，這也等同承認了你的能力和可信賴度，或許也算得上是一種認可與驕傲？

也許是，也許不是。我有超級嚴重的波麗安娜[8]傾向，就算你告訴我難搞的手足關係反正就是那樣，我也沒差。但我真心希望你能在其中找到一些能讓人感恩的美好之處。即使就那麼一次，妹妹為你的生日烤了餅乾；或哥哥幫你修好腳踏車輪胎、教你怎麼溜滑板。這正是能寫下來的美好時刻，而你可以把它們放在心裡，不管你想不想寄信出去。

祖父母

既然寫信的重點是要提升你的快樂程度，帶到他們應該滿不錯的。而且科學研究證實，長遠來說，我們在寫他們的時候，其實也不太能夠挑選情緒。我邊想邊寫時哭了幾次，涕淚縱橫醜得要命。部分是因為我意識到自己並沒有以該有的態度對待生命中的一些人，因此感到羞愧。另外，對於我過世的祖父母，則是因為感受到那股深刻失落所產生的悲傷。

事實上，如果你在寫感謝信時產生憤怒、悲傷或其他負面情緒，很可能就表示你做對了。當我詢問至善科學中心的卡特博士，想知道有沒有人的感恩和幸福之間並無關連，她表示，「人們之所以覺得感恩很難，是因為他們麻木了。因為持續處於忙碌狀態，或是無時無刻注視著智慧型裝置，失去了憤怒、焦慮、悲傷或任何一種負面情緒，有的只有拿出手機看信箱或看臉書。這無法消散情緒，只代表我們和心中的情感斷了連結。」她指出，人們會選擇性麻木情緒。如果你對於焦慮、罪惡或憤怒感到不自在，可能也會無法產生感恩，因為你玩《糖果傳奇》（Candy Crush）時，整個情緒工廠是處於關閉狀態。

所以，我說真的，寫這些感謝信時掉幾滴眼淚會讓你更快樂，是非常正常的，不要擔心。「那不表示你會一直陷在悲傷裡面，而是代表你能在某個層面上面對自己的悲

❽ 波麗安娜效應（Pollyanna principle），描述積極正向的個性。這個說法來自美國小說家愛蓮娜．霍奇曼．波特（Eleanor Emily Hodgmn Porter, 1868-1920）的《波麗安娜》（*Pollyanna*）。

傷，並且將它看清楚。」卡特博士說。在造成悲傷的另一端，是徹底意識到這些人為你的生命帶來什麼，那是深入骨髓、難以忘懷的感恩。

如果你的祖父母還在世，能夠親自收信，我會建議你在名單上把他們的名字往上挪一點。當然，寫信給在你生命中扮演關鍵角色，卻已無法收信的祖父母，並不奇怪。或許你可以當成某種紀念性的禱詞，或是傳遞到另一個世界的善意循環。

當我朋友梅莉莎展開自己的感恩計畫，發現寫給祖父母的信（當時他們已過世幾十年）是她最喜歡的信之一。她告訴我，「我的家庭就和很多人一樣，當我們聚在一起時，往往會反覆聊一堆家族成員的事件，然後開懷大笑。但是獨自閉關，將他們對我個人代表的意義寫下來，是我非常珍惜的經驗。我從長期記憶裡挖出了一些很久都沒想起的事情。」她說。

在給祖父母的信中，梅莉莎寫道：

你們兩位已經過世已超過三十五年，我仍不時想念你們。雖然常常感受到你們的存在，我還是希望你們能親眼看見我結婚、拿到學位，以及成為母親。如果你們還活在世上，我知道你們一定會成為我最大的粉絲。但我在想，就某種程度來說，知道這件事就已經足夠了。我珍惜你們給我的一切，無論是物質層面或精神層面，同時我也希望自己能將你們給我的一切發揚光大。

我那來自英國約克郡的外祖父母送給我很多東西：對王室家庭的熱愛、無人能及的約克夏布丁食譜，以及對任何比鹽和胡椒還辣的食物都毫無承受能力。此外，我也要將我對於平等的基本信念歸功於他們。在我們家裡，任何隨口說出的種族相關形容詞都不能容忍、也沒有藉口，無論是在任何情況，或是任何原因。我很感激這樣絕不寬貸的態度。

不過，對我祖父母明確表達感恩，就有些棘手了。我猜大家在履行這份清單時早晚會碰到這種情況。戴維斯爺爺和奶奶在我還不會走路時，就從紐約搬到了北加州，所以我們沒像羅徹斯特的祖父母那麼常見面。

而當我們見面時，他們的一舉一動總是很正式，使得每回碰面都充滿了不可言喻的緊繃。我知道他們很愛莎莉、賴瑞和我，只是不確定喜歡的程度到哪裡，尤其在我們還小的時候。

但是，成年後的我就比較懂了——多經歷幾年的淬鍊後，我比較能將寫感謝信的理由看得更清楚。我祖父母住在北加州一個原始未受汙染、周遭圍繞杜鵑的小人工湖旁。祖母打高爾夫球，祖父畫圖，而且熱中賞鳥。他們有著成山成海、時常往來的朋友，而且深愛著彼此。當我們戴維斯五人組坐在寶寶藍的復古旅行車骨碌碌開過來，並因為從羅徹斯特市開了兩天路程而渾身黏搭搭，亟需食物和娛樂，我可以確定他們心中一定冒出了朵樂希・帕克[9]的那句「這是什麼人間地獄？」

在我還沒和戴維斯爺爺培養更有意義、更成人的關係前，他就過世了。雖說我永遠忘不了他那一席香蕉與其鉀含量的優點的言論。每當我覺得有點餓，下意識去拿香蕉，大抵就是戴爺爺在發威了。

但是，當我搬去德國後，戴維斯奶奶和我開始相互通信。幾年前，她曾和爺爺一起去過那裡，而且非常喜歡，所以我嘗試和她分享我去過及看過的地方之細節，她也固定回信，篇章不但很長，還充滿暖意。我把信全部用緞帶好好綁起來。透過我在二十多歲時與八十多歲的她往來的信件，我終於能在多年之後懂得珍惜她的好。所以我會把這個細節也包含進去：我在德國感到的快樂——每次拿到信，看到奶奶用圓潤而柔和的筆跡寫上我地址的粉色信封，上面還蓋滿因為飄洋過海而獲得的郵戳。

當然，如果沒有我的祖父母，就不會有我深愛的父母，也表示不會有我的存在，更別說我深愛的女兒。就算你對名單上的某人要感謝的只有讓你能夠存在，也算得上一點什麼了。

配偶／伴侶

還記得我說過的話嗎？關於這項計畫，在某個瞬間你可能必須繞個路，即使這樣也沒關係？以下就是我的繞路過程。

當我快速寫完目標五十封信的初步名單，在工作表裡快馬加鞭一路把名字寫到第四十八、四十九，然後五十：露西、麥蒂，和安德魯。我個人的做法是最後才寫感謝信給孩子和丈夫，當作一場盛大落幕，做為表演結束的華麗

❾ Dorothy Parker（1893-1967），美國詩人，作家。紐約客創始編輯之一，文風機智，充滿黑色幽默。

煙火。這樣的句點豈不俐落又優雅？我真是把一切掌控得太好了！

然後我父親過世。在我這樣寫了六個月後，一股冰冷的驚慌突然來襲。我甚至還沒寫給我最愛的人、告訴我最愛他們。我在等什麼呢？我們所愛的人隨時可能會在一、兩個月內消失在世界上。所以，在悲傷的烏雲消散得差不多、我的腦袋也足夠清醒、可以再次開始寫信時，我馬上動筆寫給安德魯和女兒。

當時，安德魯和我已經結婚二十四年，我可以非常確定，上次寫給他比潦草亂畫的「去雜貨店，需要什麼傳訊來」更實體的東西，是在二十年前我們成為新手父母之時。當時我對某件事很火大，很可能是家務和照顧小孩之間的不平衡，因此火大到甚至無法把想說的話付諸言語。只要心情不好，我就會進入氣急敗壞的狀態。這種時候，我們大多只是不斷狂揮手，卻很少能有什麼真知灼見。可是安德魯是靠著協調錯綜複雜的商業交易維生——衝突根本內建在他的日常裡——所以他往往泰然自若、冷靜又有邏輯。這並不是公平競爭。所以，與其冒著與他正面衝突的風險，我決定親手在兩張筆記紙上寫滿我的憤怒抱怨，留在他的衣櫃上。愛你的，南。

事實上，我根本記不得自己在氣什麼，而這正是最好的提醒。如果你和一個人在一起非常久，細節就會開始模糊，所有確切的樣貌都迷失在流逝的時間裡。如果能用這種方式磨平衝突舊帳，也非常不錯。但不幸的是，這對於你想記得的美好事物也會造成相同的效果。

不過，我很清楚一件事。我在亞利桑納念研究所，剛和安德魯談戀愛時，因為學業而無法住在一起，我時常一邊想念他一邊睡著，想念到會在腦中重複播放從在校內酒吧認識他的那晚，令我神魂顛倒的所有對話和動作，然後想著：「我永遠都不想忘記那些時刻。」

以下有雷：但我還是忘了一些。我是在二十四歲認識他的，現在我已經五十二歲，必須努力在腦中替超過兩倍的人生經驗找地方放，更別說還有大約五百三十四個網站的密碼，不管吃多少銀杏大概都拯救不了這種固定發生的健忘。

因此，花些時間回憶我對安德魯的感謝，至少象徵三個目的：能把我的感謝表現出來讓他閱讀；提醒自己擁有他是多麼幸運。還有，可以得到至少一整頁的資料，成為對抗遺忘的一堵高牆。雖然今日我能明確地告訴你，我最感謝安德魯做的哪些事，像是父親過世，他堅定不移地支持著我；他對我們孩子的付出，還有會清掉女孩們積在排水孔的頭髮，這樣我就不用去清。即便如此，我還是無法保證經過五年、十年或另一個二十四年後，我還會記得這些。所以，寫下來會比較好。

在現代，寫信給你的配偶或伴侶還有另一個非常重要的原因：如果你們關係的預設狀態是數位溝通，過程也許就不會有任何書面紀錄。雖然，一九九一年時為了念書而分隔兩地令人痛苦難耐，卻產生非常多的好處：信件慢得像蝸牛。我在亞利桑納，他在紐約，網路不過是高爾副總統眼中閃過的一道光。我們負擔不了長途電話帳單，但反正安德魯也討厭講電話。所以我們寫信。他寄給我的每一封信，我都還留著。

即使你遇見伴侶的時間只比我晚個幾年，在郵寄AOL CD[10]的年代，你手上可能就不會有承載兩人關係的類比型文件。我們的孩子當然也不會有，搞不好連電子郵件都不能印出來。我不禁想像著二〇七〇年某個奶奶和孫女之間的對話：「我還記得第一次在Snapchat[11]上看到你祖父，十五秒後訊息就會自動刪除。他選的是夏日烤肉濾鏡。」孫女會點點頭，疑惑著為什麼老人都這麼多愁善感，然後這個念頭便自動透過腦中晶片，傳輸到位於另一端的男友的神經網路。同時間，這位男友正坐在他的個人艙中打電動，透過餵食管喝代餐飲料。

我的重點在於，單是因為這封信的物理性質，就非常值得一寫。

書寫這件事最重要的原因，可能是基於人類對於最愛的人的心態往往太過理所當然。如果你處於一段穩定的關係，一定能夠理解這一點。這是最主要的好處之一。你不會感謝伴侶做的每一件事，同時也不期待自己從早做到晚的事會得到感謝。大多時候，這樣其實沒啥問題，如果要感謝選擇牽手一輩子的人為我們做的每一件事，即使是在一個普普通通的週二，我們大概連折件衣服或看本書都做不完。「謝謝你泡了咖啡／當共乘駕駛／一起分擔電費／幫植物澆水／雖然不需要但還是把我加入了你公司的健康保險中／在走廊上經過我旁邊時，順手把我毛衣上的線頭彈掉／增加我的信用評分／規劃晚餐／買晚餐要用的食材／煮晚餐／收拾吃完的碗盤／規劃明天的晚餐」等等之類。

---

❿ 二○○○年雖開始有寬頻網路，AOL卻仍壟斷美國的撥接上網，並用郵寄光碟的方式，讓使用者可以安裝軟體、撥接上網。

⓫ 美國的圖片分享軟體，發送後會在一定時間後永久消失。

然而，有研究將每日確切表示感謝帶來什麼影響做了量化。二〇一〇年，有一項針對感謝、虧欠與親密關係之關連的研究，研究者的結論是，「感恩的態度對於增進伴侶的關係品質有關……對於親密關係中的個體，這些小事可以在日常生活中造成大大的不同。感恩還能將『平凡』的時刻轉變為使關係成長的機會，即使雙方已經是在親密的共享關係裡。」

我們渴望從伴侶口中聽到更多感激。約翰坦伯頓基金會二〇一二年的研究發現，47%的女性希望自己的配偶或伴侶能對她們的付出表達更多感謝。同時，十個男性中有六人認為自己的伴侶或配偶表達的感謝恰到好處，但研究中只有半數以下的女性有這種感受。在這個調查裡，另一個令人吃驚的統計數字是：比起對自己的配偶（回答者中占49%），人們更常對好餐廳裡的服務生表達感謝（58%）。唉呀，服務生啊。

透過這封信，你有機會不將一切視為天經地義，能讓伴侶知道你還是在意著他，仍會站在他這邊，而這就是原因。

伴侶是你的啦啦隊嗎？他／她對你的父母和手足很好嗎？伴侶是否讓你負責一切，但你知道這麼做是為了你好？他／她是孩子運動隊伍盡心盡力的教練嗎？他／她是否在雜貨的精打細算上施展了奇蹟？你越是具體詳細，所愛的人越能感受到這份感謝與認可。

回顧過往，當我告訴安德魯說想寫信紀念我的五十歲生日，並對他解釋我要怎麼進行，他馬上說：「**不要寫給我！**」誰會說這種話啦？腦子正常的人怎麼可能不想收到感謝信？這讓我笑了好久，然後完全不理他，還是繼續進行，寫了一封信給他。確實，我可能是興高采烈地一邊喊著「啊哈！」一邊將雙手高舉過頭，做出勝利手勢外加月球漫步，把寫好的信交給他。答啷，你現在知道我們婚姻能夠長久的祕密了：我嫁給了一個至今仍能讓我開懷大笑的人，我們對彼此唱反調的程度非常充分，不時讓日子充滿新意。這個觀察我也放在信裡。

也許未來，當我們不在，麥蒂和露西或我們理論上會有的孫子會感到好奇，想知道什麼事情激勵他們的父母或祖父母。這麼一來，我寫給安德魯的信就能提供有效線索。（話說，正是因為想到他們會讀這些信，我才用密碼文針對另一個領域感謝安德魯讓我們的日子充滿新意。我一直是熱愛拼字遊戲的老古板，沒有誰的小孩需要對父母留下這種印象。）

儘管安德魯說自己不想收信，但是讀信時的愉快似乎非常真心。能夠放下心中大石，我也很高興。在這些理所當然擁有對方的安心歲月之後，我還能記得告訴安德魯——真正告訴他，他對我有何意義。

孩子

我覺得現代的親子關係模式處於光譜兩端。一端是寵愛型父母，認為孩子說的每句話都像預言先知，每幅通心粉拼貼作品都值得拿去裱框，每雙穿不下的中統襪都需要慎重舉辦葬禮，進行哀悼。

另一種則是對於所謂的「教養」苦工使他們必須在小孩身上花費大把時間，非常、非常不爽。他們把小孩犯的錯貼上社交媒體，把看戲大眾的圈子擴大，並且日日數著饅頭，直到這些不知感恩的小混帳搬出家門，讓他們自己能回到真愛身邊：也就是酒。

我們其餘人大約落在這光譜之間某處，不時來回擺動，根據壓力程度和小孩的撒野指數，以及得說多少次「給我把牛奶放回冰箱」而變動。我們任何時刻都可能不夠專注，以及／或是不夠放鬆；有時是兩者皆非，有時兩者皆是。我們都不完美，除了一件事之外：我們真的很愛自己的孩子。這些信便能夠提醒我們的孩子和自己，我們之間的羈絆十分特別——他們和共享親職者（co-parent）之間的關係，甚至也和你與他們的截然不同——而且時時刻刻都值得認可和慶賀。

寫這些信的另一個理由則是因為生命的步調，尤其孩子仍住在家裡。我能理解——早早起床載孩子去練曲棍球的爸爸，接著在上完一整天的班後回家幫忙寫數學作業，然後也許——只是也許，如果還有時間，在打瞌睡前看個半集網飛影集。而妳，一個媽媽，在把被子拉到孩子下巴時，她才突然對妳丟下一顆震撼彈：「我明天好像得帶布朗尼去西班牙語課。」結果妳得一大早起來，一面回覆工作上的電子郵件，一面把那玩意兒塞進烤箱，然後重新安排一天的行程，好挪出時間駕駛共乘車，因為另一名駕駛今天生病了。我理解，你已經氣力放盡，沒有任何時間做別的事，包含寫信——特別是寫信。

但要是寫信能讓你覺得那些精疲力盡的事更加值得，比較像是特權，不只是負擔呢？我寫給麥蒂和露西時，確實覺得這是個好機會，不只能仔細思考我為她們做了什麼，也可以想想這件事為什麼豐富了我的生命。它給我理由思考這兩個小小靈魂的輪廓——我知道她們的年紀都大到可以開車了，但有時我們還是忘不掉她們學走路的模樣，對吧？此外，她們永遠都會和我的生命緊緊相繫。

當我們成為父母，就進入了日日全職、沒有打卡下班的輪迴。有時很難稍微浮上來思考一下，為什麼我還繼續做這件事。偶爾會有一些時機，像是幼稚園畢業典禮之類，當我們的孩子唱著手語版本的〈彩虹之上〉（Somewhere Over The Rainbow）——你會感覺心臟因為許多情緒而快要爆炸；開心、脆弱、奉獻以及我的老天他們打開了彩色卡紙做成的蝴蝶然後——所有爸媽都開始爆哭到什麼都錄不好，小孩只好從頭開始……這些時刻都非常美好，而且是會留在心頭的回憶（此外，另一個會留下來的可能是幼稚園尺寸的木椅壓在我們成人屁股上的痕跡。）

但是，寫信所紀念的並非只是單一時刻，而且你能夠透過重讀、珍惜與分享的方式進行——無論是寫的人，還是收的人，甚至是在那個人長大、也許自己也成為父母的那天。說不定這就值得你挪出每週一次約三十分鐘的時間來進行，對吧？

在這件事上，我學到了一件小事，而且很諷刺的地方在於，它是來自我的孩子。露西在十二歲時打給我父母、兄姊和幾個朋友，針對「我們最喜歡南西的地方」進行訪談，然後將他們的答案謄寫下來，放進相簿，再附上一張她覺得最能代表他們想法的我的照片。（例如，我姊姊莎莉說「我喜歡她的穿著打扮」，句子旁邊就伴隨一張凱特王妃的照片，但是剪了我的臉蓋在她臉上。雖然有點毛骨聳然，但是又很搭配。）這是一個偉大又貼心的禮物。但是幾個月後，當父親過世，這禮物的意義就更為深重。

在我家三個孩子中，搬出去的只有我，而且越搬越遠。我念了國際貿易，三十歲時已經住過維也納、慕尼黑、鳳凰城、魁北克還有華盛頓特區，最後定居奧克蘭市，和父母相隔國家兩端。儘管成年後，我一週會和父母講好幾次話，但因距離和財務因素，這表示我每年只能見到他們三到四次。莎莉、賴瑞和他們的家人，才是每天存在於他們生活的人，能夠隨傳隨到、給予協助，並以某種方式和他們連結。而我因為自己的決定，永遠做不到這些。

父親過世後，這件事不斷糾纏著我。這麼多年來，我和父母相隔遙遠，我這樣做是不是錯了？我總是鍥而不捨地朝向明亮的燈光和大城市奔去，我因此失去了什麼？又犧牲了多大程度的親密？

父親過世後幾個月，我在情緒特別低落的一天拿出露西為我編輯的小相簿，翻到爸的那一頁。就在我前往紐西蘭北島旅行的照片旁邊，她寫下爸說最喜歡我哪裡的答案：「我最愛她的獨立和冒險精神。」我至今看到那一頁依舊會流淚。對於我這種浪跡天涯的性子，父親從來不生氣，那是他喜歡我的其中一個特質。將這件事付諸紙頁的露西是多麼善解人意，讓我在需要的時候能夠讀它。因此，為了孩子這麼去做的你，也是同樣體貼。

關於寫信給兩個孩子，我很喜歡的一點是有機會將她們「看成」單獨個體，無論是為了她們或為了我。也許是因為我們擁有的是一對女兒，打從露西從醫院回家那天起，我們就總用「你要載**她們**去嗎？」「**她們**在哪裡？」以及「**她們**幾點到家？」簡略概括事實上非常不一樣的兩個人，儘管她們的外貌非常相似。

如果你不只擁有一個孩子，他們分別為家庭帶來什麼特色？他們怎麼面對阻礙和機會？你從他們身上學到了什麼？如果退一步思考有點困難，那麼就想想你的朋友和其他家庭成員怎麼描述你孩子的性格。他們的老師注意到了什麼？他們的興趣讓你學到了什麼？（拜孩子對恐龍、蟲子和傑克・羅賓森[12]的興趣之賜，當今父母基本上都成為了古生物學家／昆蟲學家／棒球史學家。）

以下是我表達給露西的內容，她堅忍不拔的個性和決心，一定能讓她在生命中創造奇蹟：

我最佩服的就是妳的堅持與韌性。不管是因為路況延遲，導致芭蕾試鏡出了狀況，讓妳來不及參加渴望得到的角色的試鏡，還是妳不斷嘗試的困難數學或工程概念。最近妳對我說，覺得自己在尋找各種解法上很有創意，妳會一直試到找出正解。而我想告訴妳：絕對不要忘記這樣的自我覺察、自信和創意。這能帶妳走得很遠、很遠。妳總是激勵著我嘗試不懈。

以下則是我寫給麥蒂的部分內容。她的自信、真誠面對自我價值，讓我努力學習如法炮製：

簡而言之，妳非常瞭解自己，而且總是真誠以對。我認為妳的自信和對自己的信念非常了不起。身為作家，我有的時候——還是常常？——會充滿疑惑，不曉得自己寫的東西到底能不能對任何人產生任

⓬ Jackie Robinson（1919-1972）。美國大聯盟第一位黑人球員。

何意義。但是，當我看見妳用滿滿的熱情面對大學學業、和其他聰穎的文藝少女交朋友、因為有趣就放膽嘗試新事物。所以我就想，好，我只需要更相信自己走在正確的路上，再多一點努力，讓自己身邊充滿對的人，就和麥蒂一樣，這樣我就一定沒問題。所以，謝謝妳成為鼓舞我的人。

父親對於我浪人生活的看法，在我低潮時托住了我，我希望寫給女孩們（看，我又來了）的信，也能在她們需要意識到自己擁有多少愛時，成為活生生的提醒。身為這些信的作者，我永遠不會忘記這些優秀年輕人的品性，因為未來要不要把我送到暗黑老人院，會由他們決定。因此，至少這樣算是令人安心。

關於寫給孩子的信，這裡提供一個有用的建議：我不曉得你家裡的手足關係是怎麼樣，但我推薦在同一天執行，就算你是分開寫也一樣。沒有必要引發本來可以避免的戰爭。此外，你應該也會想讓信的長度大致相同。只有菜鳥才會在「跟你比起來，爸爸更喜歡我，因為我有八段話，你只有七段」這種鬥嘴之中添柴薪。只要你曾經在十二月二十五日凌晨跑去清點聖誕禮物、確認數量相當，絕對會懂我的意思。

最後，寫這些信（差不多在我開始整個計畫的八個月後）提醒了我，讓我學會了我其實控制不了收到信的人有什麼反應。當然，我當時寫信的人中，有一些收到信後會親自給個大擁抱當回應，有的會打電話，有的甚至以信回信。這在在令人感動又心滿意足。其他人的反應則比較謹慎，有的簡短傳個簡訊道謝，或下次見到面時快速提一下。

這邊有個有趣的插曲：我那位物理治療師朋友唐恩，花了六個月才表示她收到我寫的信。即便當時我和她頻繁見面，我仍好奇她為什麼一直安安靜靜。可是我對自己說，也許她只是對於回應不太自在。結果，到底延遲的原因是什麼呢？因為我把給她的信塞在她借的書的封面裡，而她花了整整六個月才進行到咖啡桌上的書山最底部。老天爺，不曉得她終於翻開封面時有沒有傻眼。

話說回來，如果你寫感謝信是為了誘發一輪回應的歡呼——那麼先深呼吸一口氣、單腳下跪，或吃上一顆止痛藥。因為你要做的只有對生命中為你付出的人表示感恩。表達完後，一切就結束了。你獲得的任何回應都只是附加效果，你一定要接受這件事才行。

我會這麼說是因為，當我把信寄給正在享受大學新鮮人生活的麥蒂——她還和其他同學一起上一個叫做「大眾與抗爭音樂」的研討課，會在課堂上討論碧昂絲的〈Formation〉音樂錄影帶可能衍生的政治後果。她收到信後，過了好幾天才打電話來。不過，如果我必須用自己對碧昂絲的瞭解來取得成績，我也會把她擺第一。

而我把信遞給露西的時候，她正夾在中學第二年和芭蕾排練之間忙得不可開交。她讀完後對我說了聲謝謝——馬上又被吸回屬於十六歲人的旋風裡。當我發現幾天後信還擺在廚房桌上，便把信挪到她臥室裡的桌子，只能希望它會安安穩穩待在那堆紙張之中的某處，等待在遙遠未來某天被某個人類學家發現。

或者，如果好一點，露西會在需要被提醒自己多麼被愛、被珍惜的那天發現。

關於書寫感謝信，你能控制的部分在簽完名後就結束了，之後就是由大宇宙接手。

其他家庭成員

我念大學時就早早當上阿姨，而且還買一送一：姪子查克瑞和丹尼爾相繼在同一週出生。這兩個男孩，外加後來又加入兩人家中的兩個小手足，為我的生命增添許多色彩。排山倒海的換尿布練習，使得我在自己小孩出生時得心應手，而且我也堅定不移地決定等到能夠接受這種工作量後，再做生育打算。

來到感謝信名單的這一部分，你就可以開始好好思考直系血親以外，和你有著相似鼻子、髮色，也容易得溼疹或有扁平足的人。這些信是寫給阿姨、叔叔、姪子姪女外加堂表親的，這代表「家人」二字的定義延伸到你世界最遠的角落。安德魯家族裡中國人的那方，將所有人簡稱為「遠房親戚」，我向來熱愛這種不囉唆的風格。你和你父親那邊隔了一代，或因為阿米娜阿姨和安東叔叔的祖父母在古早時候似乎有親戚關係，於是冒出個堂表親。「遠房親戚」就是字面那個意思，如果家族樹中有誰讓你的生命與眾不同，或給予你支持，或教了你一課，或光是身為家族傳統的一部分，就令你覺得心裡踏實，現在可能正是讓他們知道你感激的大好時機。

我的「其他家庭成員名單」從姪子姪女開始，決定一次攻下一個成員，從年紀最大到年紀最小。而且既然他們都長大了，也離開了父母的家，我就不用在同一天寄給他們。不過，這也可以是你針對家族人際關係考慮過後能再調整的事。

大家都太低估阿姨或叔叔的角色了。你除了能得到和姪子姪女親近的各種好處，運氣好的話還能得到足夠的客觀性和距離性，讓他們覺得你比自己的爸媽酷上三百倍。此外，你對洋芋片的忍受度很可能比他們父母高上許多，甚至把它當成蔬菜的一種。你還會買討人厭的玩具給他們，畢竟你不和他們住在一起。難怪小鬼愛你。

就和寫給自己的小孩一樣，這些信不但能點出對你來說非常特別且寶貴的動作，還能讓你繼續維持下去。寫給姪子姪女的信，讓你有機會思考自己手足的孩子如何豐富你的生命。我的姪子姪女都相親相愛地長大。無論年紀小上許多的加州表親何時來訪，都會把她們當成一分子，永遠讓我家小孩感到備受歡迎，特別是在一年一度夏天待在阿迪朗達克州立公園（Adirondack Park）家族營地的時候。我是這樣寫給丹尼爾的：

我也會永遠感激你和你的表親。你們讓麥蒂和露西覺得自己是最幸運的妹妹。我最開心的就是看到你們在家族營地的互動，這樣的手足關係有點特別，尤其是，不管隔了多少時間，你們總是很快又能熱絡起來。當所有人投身這個廣大的世界，我衷心希望你們仍會持續相互支持、保持聯繫。你們是她們這輩子結交到最好的一群人。

我哥哥的女兒雪儂則會偶爾在安德魯和我出遠門時，來陪我們的孩子：

　　我永遠感謝妳對露西和麥蒂表現的友好及疼愛。每次只要一踩下油門（噢抱歉，我不是故意要害妳想到停在學校停車場等孩子那次，當時有個媽媽倒車撞上我們的車子）。只要她們需要，妳永遠會在，好讓安德魯叔叔和我有辦法踏上幾次冒險之行。安德魯和我的身邊能有妳這樣值得信任，足以託付孩子的人，讓我們可以稍微走開、享受自己的生活，意義真的非常深遠。

這樣你應該就能懂了。如果你身邊有這樣的人，每個姪子姪女都能為複雜的家族帶來不同色彩。你可以藉著這些信件，感謝他們對你代表的意義。意義非凡的姨嬸叔伯也在此分類中，原因相同。你得以從年紀較輕的親戚身上得到做為成人的榜樣。也許，在支持你長大的路上，你父母的手足具有特別重要的意義。我有一位特別的阿姨，多年來我講了很多關於她的故事，因此她在我朋友之中形成某種恍若教主的形象：我媽的大姊尤妮絲，我們叫她努妮。

首先，最明顯的自然是名字。但我這位大阿姨的意義絕對不只聽來悅耳卻稍嫌過時的小名。這些年，她之於莎莉、賴瑞和我，更像是第三個父母，這當然也帶來挫敗和苦難。努妮和她最新一任的丈夫彼特家中，擁有我們在一九七〇年代長大最典型的象徵——地上型泳池。我們整個夏天都漂在裡頭，潛到水裡找一種小塑膠片玩具，等到再起來時，整個人就會皺得像梅乾一樣。

努妮向來和心靈世界及怪誕事物保持友好關係，同時也深信大腳怪、帷幕彼端的訊息，以及《國家詢問報》（*National Enquirer*）不明飛行生物的封面故事。我本來貫徹務實主義，但是因為努妮的關係，每天都看星座運勢。此外，如果有人說自己產生預感，我絕對不會錯過。幾年前，莎莉和我通宵開車載媽與努妮去莉莉代爾，那是位於西紐約州的身心靈團體，是努妮最喜歡的度假地點，基本上每個永久居民都是能幫訪客算命的靈媒。那真是一趟特別的旅程。

我是這樣寫的：

努妮，能有妳當我阿姨，我真不知道如何形容自己的幸運。妳總是對我充滿喜歡與疼愛。就算我變成世上最糟糕的人，妳看到我應該還是會歡天喜地。每天都能得到這樣的感覺，真的很棒。

我也記得在妳家後院池子度過的無數夏日。我們在池裡繞圈跑出漩渦、潛下水裡找塑膠片，在妳、媽媽和瑪格莉特阿姨利用「水中有氧」「做運動」時，開妳們玩笑，至少這沒有像打斷妳們對話那麼嚴重。然後，我們會在妳的野餐桌吃午餐，直到那命運的一刻來臨——「南西，去給小朋友拿冰棒。」若不是因為能吃到百分之百人工調味外加糖分的味覺衝擊，我實在沒有勇氣打開妳的冷凍庫門，伸手撥開那些派、冰淇淋還有諸如此類隨時會掉下來砸到受害者的物品。

妳總是對安德魯那麼貼心，我真的感激不已。女孩們出生時，很謝謝妳幫她們算星盤。我不知道她們是否有按照星盤發揮潛能，但我知道，只要她們去羅徹斯特市看妳，總是十分開心。我也一樣，因為即使你們不常見面，依舊沒有疏遠。

去年夏天，我們終於能一起去莉莉代爾，而我真的很高興。我完全瞭解那裡對妳來說為什麼會這麼特別。不只因為那裡很討人喜歡，更有著一股撫慰人心的詭異能量，讓我也想要回去。我會衷心祈禱我們很快就能再次踏上朝聖之旅。

最後一件事：現在還在問我什麼時候搬回羅徹斯特的人，也只有妳了。我都已經離開快三十年，再回去的機率並不高。可是我喜歡妳那樣問我。

這些年來，妳的叔伯姨嬸都用什麼方式將愛、支持與喜悅帶進你的生命？他們教了你什麼？他們將你救出何種（搞不好連你父母也不知道的）危急絕境？這些年來，他們用什麼方式傾聽你、資助你或對你伸出援手？打從我父親過世後，他的兄弟雷一直提供我們各種慰藉。而且，每當有人過世，各種殘局和文書工作向來避無可避，他也是我們填入空白時所需細節的來源。如果沒有對我父親整個過往歷史如此瞭解的雷叔叔，我們一定會非常辛苦。而當他在電話中用和我過世父親驚人相似的嗓音娓娓道來，更是令人痛苦卻同時美好不已的禮物。

接著是我固定的溫柔叮嚀：如果你有年邁的父母，阿姨和叔叔應該也年事已高。努妮去年滿九十歲，我不知道還有多少時間能聽她每次在我們講完電話一定會說的，絕無僅有的經典口頭禪：「要常聯絡。可是如果妳看到大腳怪，馬上打給我。」如果你也覺得應該在名單上把叔伯姨嬸往上挪，快快把信送到他們手中，絕對不可能是什麼壞決定。

此外，也別忘了那些堂表親。然而，這部分你可以自己定義，無論只有一部分或是一整批。你說不定是和一整群小孩一起長大，有著一樣的祖父母，並因為一起經歷假日各種派對和烤肉聚會的家族傳統，從各方各面被算進同一個單位。你可以利用這些信件，思考堂表親是以什麼方式幫你記憶及組織你對羈絆與家族延伸的定義。

花時間加強與你姓氏或基因密碼相同的人的羈絆，是有實質作用的。而且，如果你沒有做錯，搞不好可以在下次家族聚會得到第一個拿馬鈴薯沙拉的機會。

姻親

在這一項，你有機會去搖搖另一棵家族樹，也就是從成為你伴侶的人身上看看會掉下來什麼好東西。

好，我沒有要說姻親關係一點也不棘手。所以有多棘手呢？二〇一二年一項由密西根奧克蘭大學社會學家泰瑞·奧爾布赫（Terri Orbuch）進行的研究，測試了參與者與原生家庭和姻親之間情緒紐帶的關連，時間點分別為結婚第一年，以及超過十六年的穩定婚姻關係。研究者發現，如果在婚姻第一年和姻親有緊密關係，將會幫助／傷害你的婚姻，其結果取決於你的種族和性別。二〇一五年一份研究針對「婆婆的有毒訊息」進行探索，發現媳婦和丈夫的婚姻品質，取決於兩人是否以相同方式解讀母親的訊息，以及媳婦認為婆婆的有毒訊息究竟是出於內部或外部因素。誤會範圍說多大就有多大！真是太棒了。

重點在於，你確實可以透過婚姻或伴侶關係加入全世界最棒的家庭，但其中還是會存在一些尷尬和脆弱，而且不是你憑空想像出來的。你伴侶的家人基本上只是說了句「待在那些英國佬裡面最好小心點。[13]」然後你就看見他／她拖了某個東西回到家族大院。好萊塢很懂，你們至少看過三千四百二十一部電影和電視節目吧，裡面的姻親簡直是妖魔鬼怪，這裡甚至還沒算上《野獸婆婆》（*Monster-In-Law*）裡珍·芳達和珍妮佛·羅培茲為了麥可·方丹

（Michael Vartan）大打出手，最高潮時直接變成一場甩巴掌大戰（然後所有人的妝髮竟然無懈可擊，扯！）即便（以下有雷！）那部電影有個歡樂結局——好像麥可·方丹真的會讓翹臀珍從指縫溜走似的——我們依舊獲得一些心理準備，知道姻親關係可能會充滿各種原始和受傷的情緒。

而那還只是針對完好無損的姻親關係。

統計上而言，我們所有人生命中總會在某一階段碰到離婚——父母的、自己的、手足的或孩子的。要你思考寫感謝信給已經和你或家人不再有關係的人，恐怕會是被我父親稱為「他媽的太過分」的情況。所以，如果你需要深呼吸一口氣，跳到下一頁，思考另一個更值得這封信的別人，我可以理解。

但在你這麼做之前，我想提醒你，這些信是關於找到關係之中良好的部分，幫助我們走到今日的特別贈禮。也許曾經的妯娌傷害了你兄弟的自尊，但在婚姻結束之前，她教會你怎麼織毛線，如今這成為你最好的紓壓方式。又或者你的前公公／前岳父害你先前的婚姻一路坎坷，可是他們現在仍持續照顧你的孩子。

⓭ Be careful out there among them English. 出自電影《證人》（*Witness,*1985）。哈里遜·福特主演。

比起專注在親家（或冤家？）有所不足的地方，你可以透過信件感謝他們讓你真心感謝的其他行為。說到管教和訓練海豚或狗，鞭子和糖果可說是正統做法：為了看到更多好的行為，所以對此做出讚賞。你可以將優點挑出來，可是不用刻意放過缺點——我要在這裡配上鼓點——你不用每封信都寄出去。

一些關於我姻親的有趣事實：他們大部分都在我和他們兒子／兄弟的第二次約會時就出現了。

安德魯和我第一次出去過後四天，就要從我們在亞利桑納的學校畢業。即使只約了一次會，還發現他馬上要離開這裡，我還是非常確定自己見到了未來的丈夫。我確實想過按照程序應該會有第二次約會，接著才需要採買婚紗——沒有，我沒有急。可是因為考試時程的緣故，我們下一次見面會是畢業前一晚，他的家人會抵達這裡，看他將學位拿到手。「來我的公寓一起吃晚餐，見見我的家人吧。」他在我答錄機上的留言裡這麼說道。

我聽留言時簡直雙膝一跪，崩潰倒地。來吃晚餐？之前的男友等了整整兩年才把我介紹給他家人。**噢我當然可以去吃晚餐啊沒問題的**。

那晚，當我走進安德魯在校外的公寓，看到的第一個人正是我未來的公公BT。他站在廚房一鍋巨大無比的炒飯面前，有一頭完美濃密的蓬亂白髮，而我心中冒出兩個念頭，（按照順序）是：「安德魯不會沒頭髮了！」（真的！）然後是「安德魯一定也很愛煮飯！」（假的！）我未來的婆婆海倫和安德魯的妹妹蘇珊也在，她們親切又友善，即使我猜他們大概十五分鐘前才得知我這個人，又搞不好根本是在聽到我敲門時才知道。那晚整個用餐過程，我聽著安德魯和父母及妹妹以情感豐沛又輕鬆的語調互開玩笑，便想，「很好，這我應付得來。」我不會僭越地斷定我丈夫要寫感謝信時會選擇生命中的哪些軼事，我只是想說，在那個晚上，我的姻親替安德魯搞定了這場買賣。

我寫信給婆婆海倫時，想感謝她帶給我生命兩件重要的事：她對我們孩子的奉獻，還有鼓勵我即使年歲漸增也不要閒下來。

妳是個非常棒的奶奶。妳和女孩們住得那麼遠一定很不容易，可是對於妳的犧牲奉獻、對她們成就（像是跳芭蕾）的讚揚，她們從來沒有一點懷疑。我想，她們之所以能這麼討人喜歡，這占了很大一部分。所以我要謝謝妳在這個共業之中所下的苦工。

我也十分欽佩妳對一切的熱情投入——不管去到哪裡，妳似乎都能創建社群和人際之間的關係，而且總是能讓其他人愉快！妳唱的那些詩歌、組織的音樂演出，還有促成的娛樂之夜，帶給來客許許多多的快樂，並讓大家意識到妳的執行能力有多麼優秀。

幾週後，當我寫信給妯娌蘇珊，感謝她全心照料麥蒂和露西在奧克蘭市的生活（即使她住在德州奧斯汀市）。寄完信後，我不確定她會如何表達對姪女的慷慨與愛。然而，當我父親過世，露西正好在奧斯汀的德州大學度過五週的夏日芭蕾密集訓練時，是蘇珊阿姨和她的男友去了校園，因為這個悲傷消息而花了好幾小時安慰我們的女兒，打電話告訴我們，她會照顧她，讓我們能放心。如果我能重新寫信給蘇珊，我一定會最先提這件事。

根據寫信的經驗（特別是針對和姻親可能會產生的脆弱關係），感謝信對於專注於好事功效奇佳。下次當你痛苦地吃著感恩節晚餐，聽到有人嘆氣表示：「你在地瓜上面倒楓糖漿？噁！」就可以在感恩計畫的檔案中跳過這傢伙，無須伸出奶油刀的鈍邊威脅他們的生命。

如果對於姻親，你真的沒什麼可謝的，那試試看這個想法：他們就像是鍛造出你所愛之人的火焰。這樣就很夠了。

沒有血緣關係的家人

在說完你可能想寄信的家庭成員之前，我最後再補一句：沒有人說家人的定義一定是遺傳層面的。

雖然我上述列出的種類，全都遵照著家庭的傳統分類，但是謝天謝地，我們生活在一個任何人對家庭的定義都可以非常廣泛的時代。你的家庭樹說不定更像是所有樹都只有單獨一根的林中山楊，除了相互連接的地下樹根外，別無其他。

這裡我要大膽假設：如果你特別創造一個無血緣關係家庭的支援網絡，那麼可能會比一般人心中懷有更多感謝。有些什麼驅使著你去尋找，並且和你所選擇的家庭成員產生緊密關係。他們身上的一些特質，讓你珍惜生命中有他們存在。而這些人應該要知道這件事。

教子教女、寄養父母，從沒忘記你的生日或體育活動、毫無血緣的「阿嬤」。你真正的父親不在後，教你刮鬍子和打好溫莎結領帶、替代父親形象的人；基本上等同住在你家的你孩子的朋友，他們從你身上尋找類似父母形象的精神支柱，因為她自己的家庭簡直一團亂。或許你們沒有相同的DNA，可是這和你們算不算家人一點關係也沒有。

事實上，我甚至要獨排眾議，鼓勵你在名單這部分把寵物也包括進去。在很多人的生命中，比起那些直立走路、有信用額度且拿著手機的生物，我們從四隻腳／長羽毛／有鱗片的動物那裡，能得到更多安慰與理解。如果你從生命中的動物得到幫助、形塑或啟發，也可以把它寫下來。

我要感謝哥哥賴瑞。基本上他根本像是未成年的馬林・柏金斯[14]，我因此在一間充滿小狗、蜥蜴、沙鼠、魚、烏龜，外加一隻叫史派克的鬣蜥的房屋中長大。但是，我命定的寵物是一隻名叫阿基里斯的德國短毛指示犬。我們在女兒分別五歲和八歲的時候領養了牠，並且度過美好的八年。我真的非常愛牠。

如果你瞭解這種狗，就會知道牠們有兩種速度：一種是彷彿痙攣的過動狀態，另一種是主人腿上的魔鬼氈。我們養阿基里斯的每一天，牠都會確保我乖乖起床，在中午離開椅子去好好散個步，而不是彎腰駝背地坐在桌前寫作，然後得到背痛。牠只要在房裡看見我，都會用有如南西・戴維斯・郭粉絲俱樂部的未成年會長的姿態歡迎我，然後換氣過度又太興奮到被自己的腳絆倒。雖說有時我會被牠的行為逼瘋，像是牠偶爾恨不得在凌晨兩點去吃前院的草，還有趴到廚房流理臺偷走一整隻雞外加一整塊醃牛肉，以及堅決搶在零點零三秒之前先到我要去的地點。

但是，那隻狗用最純粹、最強烈的態度愛著我，至今只要稍稍想起，我依舊會熱淚盈眶，即使牠已經過世了三年。因為牠，我在街上碰到狗時會比較沒那麼害怕，更知道怎麼閱讀牠們的身體語言，做出更適切的反應。牠用友善和開放的態度歡迎新見到的每個人，我會努力以牠為榜樣。最後，牠是我們女兒童年時代最完美的小狗：性格溫和搞笑，對她們全心全意。和這隻貼心又毛絨的狗狗一起長大，麥蒂和露西自然擁有美好回憶。我會想把這些寫在信裡感謝阿基里斯。如果牠還在，我一定會大聲讀給牠聽。

誰知道呢？我說的話搞不好聽在牠耳中更像史奴比卡通裡說起話來「哇哇哇哇」的老師。

可是，我總覺得阿基里斯一定能聽懂我說的話。

⓮ Marlin Perkins（1905-1986），美國動物學家。

歌單——家庭第一

1. Everyone I Love Is Here — 芬氏兄弟（Finn Brothers）
2. Murder in the City — 阿凡特兄弟（The Avett Brothers）
3. We're a Happy Family — 雷蒙斯（The Ramones）
4. Family Affair — 史萊和史東家族合唱團（Sly and the Family Stone）
5. Dear Mama — 吐派克（Tupac）
6. Mama, I'm Coming Home — 奧茲．奧斯朋（Ozzy Osbourne）
7. Dance with My Father — 路瑟．范德魯斯（Luther Vandross）
8. Keep It Together — 瑪丹娜（Madonna）
9. One for Sorrow — 傑佛瑞．傅柯（Jeffrey Foucault）
10. The Mother — 布蘭迪．卡莉（Brandi Carlile）
11. Father and Daughter — 保羅．賽門（Paul Simon）
12. Cousins — 吸血鬼週末樂團（Vampire Weekend）
13. Song for Eva Mae — 法蘭克．透納（Frank Turner）
14. Ben — 麥可．傑克森（Michael Jackson）
15. Me & My Dog — 天才男孩樂團（boygenius）

第三章

愛你的朋友

維繫世界的唯一接著劑就是友誼。

——伍德羅・威爾遜（Woodrow Wilson）

在名單列到這裡之前，你都是專注在大宇宙認為要分配給你的人身上，就好像宇宙的分類帽遊戲，又或者像是在我發牢騷說媽或爸或我哥哥姊姊對我不好的時候，母親常說的話：「如果我們可以選擇家人，恐怕全都會變成沒爸沒媽的獨生子。」有些人運氣好，有些則否。可是說到朋友，我們總算能有點掌控權。

即便在我寫信給家庭成員時，也很清楚我朋友圈中有些人比我的血親更瞭解我。無論潮起潮落，他們都在。不是因為做為家人的責任，而是自己選擇留下。套句演員莎莉・菲爾德（Sally Fields）說過的話：你的朋友是真的、真的喜歡你。你可以坐下來好好感受這是多麼美妙的一件事。

前美國全國公共廣播電臺記者芭芭拉·布萊德里·哈格提（Barbara Bradley Hagerty）在她的書《重新定義人生下半場：新中年世代的生活宣言》（*Life Reimagined: The Science, Art, and Opportunity of Midlife*）中，描述她參與的一項有趣實驗，將我們從最親近的朋友得到的鼓勵進行量化。該實驗由維吉尼亞大學情感神經科學實驗室（Affective Neuroscience Laboratory）心理學教授詹姆斯·柯恩（James Coan）執行。這項實驗聽起來活像是大學兄弟會捉弄新人的儀式：受試者會躺在一臺腦波掃描儀裡，腳上扣著電擊腳鐐，掃描儀會追蹤腦部的恐懼中心——亦即下視丘。只要參與者看見那個代表有百分之二十機率會在接下來幾秒遭受輕微電擊的畫面，就會發亮。（我在播客節目上訪問芭芭拉這個實驗時，她對我保證所謂的「輕微」實為委婉。）

研究者會在三種不同狀態下測試受試者：獨自在待掃描儀、握著陌生人的手，以及握著關係親密的人的手。當受試者獨自待在掃描儀，可能遭受電擊的畫面閃過，下視丘／恐懼中心亮得簡直像棵聖誕樹；當測試對象握著陌生人的手時看見同個畫面，恐懼程度則稍有減低。

但是，當測試對象握著親密朋友的手，可能遭電擊的畫面閃過時，恐懼中心幾乎連閃都沒有閃。這是為什麼？柯恩博士在《維吉尼亞今日》（*UVA Today*）的訪問中描述這項研究，「我們發現，如果擁有良好的關係，以及可以信任的對象，就可以這麼對它說，『下視丘，你不用這麼拚命。沒錯，確實有威脅在，可是放輕鬆——情況不會像孤獨一人時那麼嚴重。』朋友會幫你應付那個威脅，因此你可以不必那麼用力去應付。長遠看來，節省力氣會讓你比較健康。」他補充道：「有手可握表示你擁有資源，你很安全，所以特定壓力源就不如先前那麼令人壓力山大。」

寫感謝信給一直以來豐富你生命的朋友是非常好的方法，能讓在你面對真正的威脅時，永遠有一隻形而上的手可以握。

我們的友誼樣貌各有不同——珍貴的摯友、從童年延續至今的情誼，因為工作、學校或孩子的緣故突然出現在成年人生的友情。當你考慮該把誰放進這個分類，甚至可以跨越一些友誼不再存在的領域。曾經你們熱情如火，還塑造了你身上一些非常重要的部分，只是可惜支撐不了太久。即便你不需要寄出信，他們依舊是你走到今日的途中一度舉足輕重的人。那樣也算。

摯友

誰是你朋友感謝信收件清單的第一順位？這個問題非常容易：就從你會對他說「可以幫我看一下大腿後面那個怪東西，然後告訴我它長什麼樣嗎？」的人開始。又或者那位會深深凝視著你的雙眼，說「我很愛你，但是這個髮型對你恐怕沒有加分。」的人。又或是在你遇到不幸時會向他們尋求幫助，而且深知他們會比你更難過的人。因為不只是有不幸發生，還是發生在他們喜愛的人身上。

我的朋友名單第一位，是大學新鮮人時期第一個講話的人。當時我走一九八〇年代陽光正面風格，一頭不對稱鮑伯髮型外加瑪丹娜風手鍊，還有那年夏天最潮的品牌短褲。我覺得這正是我花費多年擔任營隊輔導員訓練所得到的完美結果，因為我很懂怎麼跟大家開啟對話！

「**嗨！我是住在雷蒂樓的南西，妳叫什麼名字！**」我粗著嗓子對一個滿手衣服、經過我身旁上樓的嬌小金髮女生大喊。

她睜大了眼睛。「瑪麗亞。」幾乎沒有暫停腳步，用平靜的語氣說。

我臉刷得紅了起來，一面逃進新宿舍房間一面想，「天啊，我到底是**怎麼搞的**？我為什麼這麼不酷？！我都把那個女生嚇跑了！」最後我發現瑪麗亞就在她位於正上方的房間裡進行一模一樣的自我問答。

我們完全是天造地設。

打從第一次見面至今三十五年，我們幫對方的頭髮上過雙氧水，仔細審查彼此的老公，幫忙照顧對方的孩子一小時或一個週末。在某個時刻，當瑪麗亞和她丈夫泰德要搬去灣區的房子，但離入住日期還有兩週，便和三個小孩暫時搬進來和我們一起住。突然之間，我的家務減半——因為有她替我分擔；週間晚餐桌上的談天翻了倍——因為我們有了新的人和新話題。十年後，瑪麗亞和我依然將這兩週稱為「大好時光」，並深思著也許買個能容納兩家人的屋子是個好主意。

這正巧與柯恩博士針對從朋友得到安慰和力量的研究一致，在寫給瑪麗亞的信中，我想要紀念的事情有兩件。

如果必須挑個重大回憶，我想會是二〇〇〇年聖誕節妳走進產房的那天。我那時累得半死、痛得要命，但是我想，好，瑪麗亞來了，我可以做到。露西出生時，妳在產房為我帶來的祝福，筆墨難以形容。當伊森隆重降生到這個世界，能夠和妳一起待在產房，也算得上我人生中最謙卑也最美好的時刻。謝謝妳讓我成為那一部分。

寫信給摯友可以說是最代表性的挑戰之一：你手上可能有非常多的材料。有時候，要將這段友誼真正重要的面向濃縮出來，往往非常棘手。說到這些了不起的人們，你搞不好可以填滿大學橫格筆記本，而且句句都用「話說那次我們……」當起手式。

當然，這不盡然是壞事，但我要在此發出挑戰，希望你更努力去思考好友到底帶給你什麼贈禮。倘若你的生命中沒有了他們帶給你的事物，會缺少些什麼。

例如，當安德魯和我因為他的工作而搬到加州，我們創造了一個假日傳統：我們會在瑪麗亞和泰德家共度聖誕夜，聖誕節的早午餐則在我們家吃。當我們的聖誕寶寶在二〇〇〇年誕生，便請瑪麗亞和泰德當露西的教父教母。於是這個共度的十二月二十五日就對我們兩家有了更深刻的意義。

瑪麗亞幫我打造了一個對我女兒來說非常珍貴的家族新傳統，其重要性就和成長過程中因為與祖父母、阿姨叔叔、堂表兄弟相距遙遠而沒能擁有的差不多。在這個例子裡，雖然我們並未翻山越嶺來到祖母家，至少也翻過了奧克蘭的山丘、越過卡德考隧道，來到瑪麗亞和泰德家。信中包含了我對這個傳統懷抱的感恩。

仔細思考並明確理解親近友人的支持，是我在整個計畫中最喜歡的部分之一。寫感謝信給許久以前就被歸類到親朋好友的人，等於打開回憶藏寶箱來重新檢視的大好機會。

寫完給瑪麗亞的信後，我接著開始思考朋友吉兒，她是另一個現在也住在奧克蘭市的大學密友。我與她的友誼和瑪麗亞很不一樣——也許甚至可以說相輔相成。吉兒和我曾在同一個產業領域工作，如今仍在那裡當顧問，所以在一些事務上，她一直都是我的諮詢對象，諸如企畫提案、計費費率和人脈網路。我們現在都做創意工作——她是設計、我是文字——而她非常清楚，其中最大的挑戰正是商務談判與創意努力間的拉扯。我們每週前往奧克蘭山丘登山，這段時間可以產生三重功效：鼓勵打氣、同儕互助，外加合理攝取碳水化合物。

吉兒的共鳴能力超群，我也很清楚是因為她的哪兩個舉動而讓我意識到此事。

如果要我挑個範例描述妳對我來說是哪種朋友，那麼一定是露西剛出生後，因為呼吸道病毒住院一週的時候。當我分秒不離地待在醫院陪她，真的是嚇壞了。我驚慌失措，心中有著成千上百種悲傷。然後在某個早上，妳帶著一杯巨大的熱拿鐵、一盒巧克力，外加《時尚》雜誌走進來，稍微來換了個手，雖然只待幾分鐘——這大概是當時我可以接受的最久陪伴——然後隨即離開。還有，當我深愛的阿基里斯過世，妳送來一塊猶太蛋麵派，讓我吃下用以消耗悲傷的一萬九千大卡。我永遠都會對妳的寬大胸懷感到驚訝，並無時無刻記得能進入你的朋友圈是多麼幸運。

當你想到最親密的朋友，可以思考一下他們如何對你產生深刻且重大的影響，並努力將此落於紙上。他們會為你的成就喝采嗎？會催促你去追逐夢想和野心嗎？當你需要徵詢意見，他們是否不帶任何批判地仔細聆聽？他們能在你用完一切精力，真心需要休息以前就注意到嗎？——晚上約見面、靜靜散個步、去電影院看個非常老套的浪漫喜劇外加一桶深不見底的奶油爆米花？然後碎念到你真的付諸實行？

自從二〇一一年，傳說中的次中音薩克斯風手和E街樂隊成員克拉倫斯・克萊蒙（Clarence Clemons）過世之後，布魯斯・史普林斯汀（Bruce Springsteen）只要演出，必然會出現讓全場觀眾吸鼻涕的環節，而且多半會是在布魯斯唱到「第十大道寒風刺骨」（Tenth Avenue Freezeout）的時候。這指的是「大人物」（Big Man）克拉倫斯加入史普林斯汀樂團那天。他們之間的關係並非只是合兩人之力，使史普林斯汀的音樂生涯有了更強的力道，更是催生了一段意義深遠的友誼。

每當布魯斯唱到歌裡的那句歌詞，總會慢下步調，有時甚至會給觀眾一段像是教堂布道的時間，用以紀念過世的友人克拉倫斯。或者，有時就只是放給歌迷一起唱、一同致意。這段友誼帶來的喜悅感恩的精神，全都囊括在那段音樂之中，也正是我們會想放進給摯友的信裡的東西——不過還是希望在他們依舊健在、能夠感受的時候。

寫完這些信後，你說不定會發現自己更清楚當生命中出現哪些需求，可以倚靠哪一位朋友。我向來對身邊的人抱著不合理的高標準，直到經歷了千辛萬苦、超過五十歲時才學會：沒有任何一個朋友可以滿足你的所有需求。總會有某個領域是他們束手無策的。瑪麗亞和吉兒向來樂意和我一起登山，可是說到進城一晚、渾身熱汗地跳舞外加巡迴塔可餐車吃宵夜？做不到。但是沒關係。因為寫信給唐恩的時候，我非常清楚這就是她存在的意義。

關於給這群人的信，還有另一個出乎意料的發現：收信者收到信時的訝異程度。就像長年配偶一樣，對於擁有這些密友有多幸運，我們表達得遠遠不足。畢竟，有必要感謝吸進鼻子的空氣嗎？

但是，科學研究讓我們瞭解，寫信給他們是有充分理由的。在至善研究中心二〇一七年一篇文章中，研究者艾瑞克．彼得森（Eric Pederson）及黛博拉．李伯曼（Debra Lieberman）這樣寫道，「當我們對他人表達感恩，就等於實際發出信號告訴他們，因為他們做出的善舉，我們會給予比先前更高的價值，而且更有可能在未來提供他們好處。」接著他們又說：「從別人口中聽到感恩，可能會使我們對他更看重，甚至會在意自己的行為對他產生什麼影響……這是因為在茫茫人海之中，這個人表現出重視我們的態度，所以更可能成為自己的盟友。因此，比起幫助無法證明到底看不看重我的人，不如幫一個也許能在未來增添新的互惠關係的朋友。」

換句話說，你覺得自己與摯友擁有緊密的合作關係嗎？等你寄給他們感謝信後，就會知道了。

童年朋友

我第一批寫信的朋友多半是日常生活中時常聊天，並且處於現在進行式的人。可是寄出那些信後，我也知道還有一些人是在我可塑性最高、最容易受影響的時候認識我，而我欠他們一份感謝。也就是在我還是梅麗莎·蘇·安德森[15]粉絲俱樂部的繳費會員，規劃著十歲的荷莉娃娃[16]主題生日派對時往來的人：我的童年好友。

或許，當你年紀更大、性格更固定，他們的意義就不只是你結交的朋友。你之所以會是今日的模樣，童年朋友扮演非常重要的角色。當你發現自己對表演的熱愛，或

⓯ Melissa Sue Anderson（1962-）美國女演員，製作人。
⓰ Hollie Hobbie。美國童書作家荷莉·哈比創造的同名女孩形象。

突然在數學課意識到自己其實應該成為作家，他們都和你混在一起。當你處於青春期的各種階段，他們也在你身旁——拿我舉例，我在學院風和哥德風之間舉棋不定（中途還稍微試了一下西部風）——你可以從他們的回應得到幫助，知道你最適合哪（幾）種風格。他們是你中學創立星際爭霸戰社團（原初的那一部）的唯一成員。在你因為不想離開派對結果錯過宵禁時間時，他們幫你提供確切的不在場證明。這些朋友見證了我從出生到不靠爸媽養之間的每一次自我發現大事紀。

除了童年友誼能帶來的情緒益處，研究顯示它還有一些經久耐用的健康幫助，可以歸功於一起玩耍的好朋友。二〇一八年發表於《心理科學》雜誌的一項研究表示，根據父母描述，二十年後，時常和兒時或青少年時期朋友相處的成年男性，在血壓與肥胖程度上明顯降低。研究者寫道，「這些結果提供了強而有力的證明，顯示與人生早期的同儕相聚，和成年後的身體健康狀況息息相關，特別是在高血壓和過胖的風險上。」因此，如果你的醫生最近在身體檢查上給了你A+，或許可以從這方面開始著手。

由於我是在失去雙親之一的那年開始寫信，所以非常清楚童年朋友還給了其他人給不了的事：父母壯年時的回憶。當高中朋友麗莎想到我爸，心中的畫面會是一名深色頭髮的柯達工程師，總是在車庫工作間修補家裡某個該修的東西。反過來，我回憶時也只會想到麗莎的父親艾爾生前坐在廚房桌前，臉藏在報紙後面，身旁圍著三個聒噪的青春期女兒，外加另一個名叫南西的聒噪朋友，並在這些吵鬧之中露出鎮定而完美的微笑。

知道童年朋友就和你一樣，能夠完整無缺地記得你已失去的父母，其撫慰程度真是巨大得出乎意料。

在青春時期諸多意義重大、幸與不幸的時刻，這部分名單裡的人說不定也在場。至少，在我寫給大膽無畏的朋友凱蒂時就是這樣。我在一年級的時候認識她，直到如今她搬去澳洲，我們依舊親密：

> 妳向來是那個性子溫和、姿態安靜，底下卻騷動著熱愛冒險與玩樂靈魂的朋友；妳無時無刻都做好準備，腦中有著無盡無窮的點子。如果要聊我生命中某些目前還無法對父母啟齒的故事，百分之五十以上都有妳在。

抱歉，就說到這裡。我還想讓我媽讀這本書。

這部分的信也許就紀念了維持數十載的友誼，也是因為這樣，在童年朋友之中，我不得不承認友誼路上經歷了些許顛簸。我認識麗莎快四十年，凱蒂則快五十年，兩人和我都分別有一段疏遠的時間。不過，不管讓這段友誼值得保留的原因是什麼，最終還是抵銷了所有不快。畢竟連開五年的車都要固定維修了，你說是不是？我在這封信裡是這樣寫的：

回顧一九八〇年認識至今的許多年頭，我想告訴妳：我們的友誼經過了測試、承受了考驗，但每次都能恢復原來的模樣。我想，這正是對我們感情的持久度和耐受度的證明，很可能也是隨著年紀漸長而產生的寬恕和接納。說真話，我甚至不曉得我們**到底**為什麼疏遠，雖然有部分是因為我的記憶力越來越爛了。

基於青春期偶爾的驚濤駭浪，還有個方法可以找出在這個生命階段應該感謝的人。像是：思考一下艱難時刻有誰挺你。例如，當你被隊上開除、被當，或成了霸凌對象的時候。

根據你的最終結果，還有從中學到的一切，你搞不好還可以寫信給小時候霸凌你的人。如果這裡要談的是誰影響了你的生命——我甚至可以把一個叫寇特妮的惡毒女生放進名單。她讓我的四年級猶如人間地獄，天天懇求父母讓我轉到別的學校。如果是這樣，我該寫些什麼呢？身為母親，我很早也很常和孩子談論霸凌行為——該如何辨識、如何反應。而絕大部分，是怎樣不成為做這種事的人。我們都還小時，那女生對我做出的惡行，讓我更知道如何引導自己的孩子經歷這個階段，所以也算是值得感謝。

但是去他的。回想這件事時，我甚至不想在寇特妮身上多花一秒鐘。她已經奪走我太多時間。現在，讓我們繼續聊那些好的童年朋友。

關於這部分，我再嘮叨最後一句。也許你本來就是個十一歲的模範生，熱愛感謝信，而且永遠會好好地對發生的一切美好事物表達感恩——但我不是。為了在隔壁鄰居家後院溜冰場練習桃樂絲·漢彌爾[17]溜冰動作，並且密謀和安迪·吉布[18]見面，我超忙的。

⓱ Dorothy Hamill（1956-）美國花式滑冰運動員。
⓲ Andy Gibb（1958-1988）。三個哥哥為比吉斯樂團成員。

所以，我們就從成年人的角度，將這批信件當成好好表達感恩的方式。還小的時候，你可能不明白這種朋友有多重要——當你午餐沒吃飽，朋友就和你分享；課後教你功課，這樣你就不至於落後。或是你本來的舞伴臨陣退縮，放你孤伶伶穿著自己設計的粉紅洋裝（迪奇，我們愛你；布蘭，下次表現好一點）站在那兒，所以堅持勾著你的手一起跳舞。可是，長大後你就懂了，此時正是說出口的大好時機。

留下來的朋友

那些直到高中或大學畢業那天前，似乎都很理所當然的童年友誼，有個特色：時間。學校或某項運動或社團，或你的信仰團體，或是你還小時會去的地方——你的朋友大概也會去，你也因此擁有大把機會能和他們談天說地。打個比方，我一九七七年整個夏天都坐在一棵白楊樹的樹枝上，和隔壁鄰居瑪莉貝斯交換貼紙卡和嚼泡泡糖。

但是長大之後呢？恐怕沒辦法。一旦進入職場，並且／或是開始撫養家庭，我們被占用的時間就像幾何級數一樣越來越多，也越來越難和有共同興趣的人見面，也更難付出維護及持續友誼所需的努力。也因此，我們在成年生活中定期見面，在時間流逝後仍像真正朋友那樣保留下來的友誼，更顯得珍貴。

就像在職場或操場碰見的朋友，又或是搬進第一間公寓時在大廳碰到的人。他們記得我們第一位暴君老闆和那可悲的薪水；在那場糟透的雨天校外教學裡，他們一起擔任共同監護人，得以續命的唯一原因只是因為累到笑（外加一只經過巧妙偽裝的酒瓶）。在第一隻等同孩子的貓咪過世時，他們和我們一起哭泣。

如果你有孩子，當你在托兒所、幼稚園或足球練習時和其他父母待在一起，可能會發現自己心中充滿喜悅。在你經歷和新生兒共度的那段相對封閉的時光，和同樣曾經三天睡不飽，或同樣帶著百分之九十都是裝他人物品的包包的人們摩肩擦踵，振奮之情必定油然而生。當你從大哭的學步兒手中拔出滿是泥土的餅乾，周遭的人們也正在進行大同小異的習慣動作，你會默默想著：*這些人懂我，我們是同類。*

當麥蒂開始上幼稚園，她的小學會在第一聲鐘響前幾分鐘，讓家人聚集在只開放給幼稚園的小遊戲區。小孩會玩在一起，直到翠絲小姐從教室走出來。那時，孩子就要像愉快的小鴨一樣排著隊跟她進去。整個行動的重點在於讓孩子的過渡期輕鬆一些，也給我們在過程中認識其他父母的時間。

沒多久，安德魯和我就被大家稱為「海斯曼家」。大概是因為我們為了讓麥蒂進教室門，必須稍微一手把她硬推進教室，同時間轉過身朝停車場狂奔，這動作與美式足球知名的海斯曼獎盃姿勢十分相像。麥蒂對學校那些狗屁方法完全不領情，一心只想跟著爸媽回車上——這狀況持續了好幾週。（後來她就沒事了。各位有分離焦慮孩子的爸媽，你們撐著點。）

那是一段非常可怕的教養階段，父母竟然得丟下小孩逃跑，逐漸減弱的背景音還是她因為遭到拋棄而發出的憤怒尖叫。這多少會留下創傷，可是其中的慰藉是，我們得以和一大群父母建立友誼。在接二連三彷彿沒有盡頭的家長會、教室派對和校外教學裡，能看到他們我是真的開心。

接著中學來臨，孩子的活動更多，也更獨立，但我也因此意識到：有一些人只是比較容易見到，才會進入我的「朋友圈」。他們人其實很好，可是除了孩子以外，我們沒有任何共通點。如果在等式之中把孩子拿掉，恐怕連喝咖啡聊天都難以進行，更別說友誼。

等到孩子的高中歲月即將進入尾聲，我將那些源自孩子幼稚園時期的友誼去蕪存菁，剩下一小群女人。我知道，無論我們的孩子是不是麻吉，我都能和她們成為朋友。（此外，在很多狀況下，其實我們這些媽媽黏在一起的時間比孩子還要多。）一起把孩子撫養長大，只是我和這些女士建立的多重友誼之一。如果在鎮上看到其他的幼稚園好人爸媽，我還是會揮手致意。可是我要寫感謝信的，則是我想一同揮霍空巢期的那些女人。

隨著年紀越長，越會專注在友誼的品質而非數量的概念，還是有點科學根據的。二〇一五年至善研究中心整理了布魯克林學院雪莉．卡麥克（Cheryl Carmichael）的一篇文章，概括探討參與者的心理健康和人際關係的關連。研究者發現，「五十歲時的良好結果，多半源於大學時代的諸多社交活動，然後在開始進入三十歲時，專注於少數較要好的親密友人。」

我的一位親密好友叫做莫琳，是個澤西女孩兼布魯斯．史普林斯汀粉絲。她堂堂正正追夢成功，進入時尚產業，同時以深深啟發了我的方式養大一對雙胞胎。

莫琳，還記得孩子幼稚園時，我在小學遊樂場見到妳，因為妳在練馬拉松，所以我都把妳歸類在運動媽媽那一邊，卻不曉得在未來幾年等著我慢慢去發掘的，是妳數不盡的興趣與天賦：時尚達人、旅行達人、愛書者、音樂狂，還有我最喜歡妳的地方：徹頭徹尾的東岸性格；你是在我們這片酪梨海與鼠尾草棒裡的一片綠洲，有著「最好別惹老娘」、一枝獨秀的澤西態度。我很喜歡住在灣區，可是老天啊，有時我實在需要和一個不會把「直率」和「沒禮貌」混為一談的朋友相處。此外，無庸置疑，在布魯斯俱樂部裡我是後輩，但妳永遠不會把這個當成我的小辮子。

在我們的友誼裡，還有一個面向是我非常讚賞的——妳對職業、自己的生活、孩子的獨立的認真態度，而且從來不會為此抱歉。我在一些時候往往會過意不去，因為我是真心想要當個好作家，並且在這方面有所成就。可是那樣一來，就表示要花很多時間和努力，而這分力氣原本應該用在麥蒂和露西身上（不管她們想不想要）。可是我永遠都能拿妳當榜樣——孩子一上學就開啟全新事業，並且奮力讓它欣欣向榮，外加得到快樂的長期老客戶——然後孩子**依舊**那麼優秀。這給了我很多安慰，能告訴自己想養出獨立的孩子是可以的。畢竟，近來這種想法似乎十分容易被淹沒。

當我寫給朋友格莉妮斯，非常清楚一定得將她在二〇〇八年邀麥蒂和露西「來我女兒的芭蕾教室試看看！」放進去。她的雙胞胎女兒很早就不跳芭蕾。每年，當胡桃鉗的季節[19]來臨，我就會被永無止境的柴可夫斯基循環逼瘋，然後我就會傳訊息給她，威脅要結束這段友誼以及／或者叫她來付芭蕾學校的學費。不過我沒有真的生氣啦。

我知道我超常開妳的玩笑——特別是在十二月的那個週末。可是妳邀麥蒂和露西作客嘗試學一堂芭蕾，對她們和我們的人生造成天翻地覆的變化。她們因此認識了一項變成年少時光最大快樂的事物。妳成了我們進入那個世界的大門，我怎麼感謝妳都不夠，因為這件事帶給我們孩子的創意能力與情感出口，等同無價之寶，所以我對你們一家人都充滿感恩。

⑲ 應指芭蕾舞劇《胡桃鉗》。

諷刺的地方在於，格莉妮斯的女兒和麥蒂離家念大學後，我們就開始在週六早上一起去上嘻哈課。因此，在自己的能力範圍裡，我們也可以算是全心投入的舞者，儘管我們真正投入的是下課後跑去嘻哈教室那條街盡頭的派餅店，狼吞虎嚥地吃掉一大塊餡餅。

再次重申，這些信就像一種機會，提醒你從那些關係之中到底得到了什麼，以及告訴朋友，這些事如何讓你的生命煥然一新。我的朋友安卓雅是麥蒂和露西緊急聯絡人中僅次於安德魯和我的第一位。她的本事就是讓每一次的聚會時光變得趣味又難忘。在父親診斷出癌症後的那週，我寫信給她，非常清楚接下來幾個月我一定會很依賴安卓雅和她丈夫尼爾幫我分散注意力，並且給我支持。

妳不僅成為「可以幫我顧小孩一小時」的朋友，更成為「媽，我們可以去安卓雅和尼爾家看一下他們在幹麼嗎？」的朋友。我們家的孩子就和我們一樣愛你們。這是理所當然的，畢竟我們經歷了同樣的冒險：冬季一起上山家族旅行。可是還有其他小小的冒險：去漢堡店和宜家家居、新年前夕帶著仙女棒和滑板在路上散步。我的家人現在完全適應了——只要我們聚在一起，一定會發生一些搞笑的事。這真的很酷——尤其是在這種時候。無論何時，只要我從羅徹斯特回來，絕對會充分利用這個內建笑果的安全措施。

我朋友蘿瑞很會刺繡，這件事對她來說既是樂趣，也是一段能夠思考的時間。所以當她想到可以送給朋友麗莎的完美圖樣（「妳需要的只有愛，外加一杯好咖啡」，）就告訴我她決定在成品中附上一封感謝信，裡面寫上麗莎為她生命帶來的一切。

蘿瑞在她的信裡這樣寫道：「我要感謝麗莎成為每天的善意、友誼和慷慨來源，無論是物質上或精神上。她就是那個人間清醒的朋友。我要感謝她讓我懂得如何將生命中最好的部分與他人分享，因為她就是這麼做的。」蘿瑞補充道，「麗莎會讓人覺得得到她的幫助、支持和友誼再簡單不過，我對於這件事永遠都做不到百分之百自在。在人生這個階段，我還在學習怎麼從容地接受他人好意，她幫助我撫平了這些年來戒慎恐懼所產生的各種崎嶇，不只是讓我在人生所有領域——職業、愛情、家庭和朋友——成為更好的陪伴，更幫助我將這份禮物也傳達給他人。」

這一切都納入了蘿瑞寫好寄出的信中。

蘿瑞也發現，練習把幾乎日日以數位或電話方式對朋友表達的謝意寫成文字，效力超乎她的預期。「坐下來將要給麗莎的信寫出來，讓我有時間好好釐清自己到底想要說什麼。通常當我滔滔不絕，這就不會是我的重點，不管我是否立意良善。」蘿瑞說：「我必須將這些想法轉到紙上，只是有點擔心字寫得亂七八糟，還有用的筆對不對。這大概是我人生幾十年來最平凡無奇的擔心了。這件事感覺非常復古——不過是好的方面。而且我也忍不住想，『為什麼我再也不這麼做了呢？』噢對，因為有了網路。」

蘿瑞的經驗和我如出一轍。我們用書寫來表達的一些事，無論如何都無法以口述或簡約過的數位模式來溝通。

我所感謝的許多親密友誼都源自孩子的校園，而你能遇見朋友的場所也不少：公司茶水間、體重觀察者[20]互助會、街頭巷尾的鄰居……還有網路。如果我早個十年進行這項計畫，情況可能大不相同。我想我可能就不會寄出給小訊息（The Tiny Texter）的那批感謝信了。

小訊息是一群分布國內各地的幽默作家。大約八、九年前，我開始貪婪地閱讀著他們的部落格。當我發現某篇文章特別有趣或動人，就會留下評論。接著，她們也會來我這裡留言，我發現自己又更喜歡這些女士，即便我們從沒見過面，而她們住在馬里蘭或明尼亞波里斯。二〇一一年，我鼓起勇氣初次參加在聖地牙哥舉辦的部落客大會，部分是因為有些作者也會參與。其中一位女士在靠近旅館泳池的一張長桌坐下後，在推特上發了她的位置。幾個轉推過後，接下來七十二個小時，那張長桌對我來說直接變成在面前上演的、真人實境的部落格文章和評論。

小訊息——如今我們將對話轉到持續了數年的群組裡繼續聊。只要我想不到該把文章投去哪裡，或需要針對標題找人腦力激盪，亦或思考到底應該要拼成「Listerner's」還是「listeners」，就會去找他們求救。我們也會交換晚餐食譜，確認彼此的父母身體健康，以及孩子學校運動場的狀況，並看著因為傳來圖片訊息而發亮的手機，在兩雙鞋子之間進行票選。雖說我們的友誼多半存在手機上，但會被我放在這個群組的朋友，依舊擁有無異於真人面對面的影響力。只要你的線上朋友能夠通過這項考驗，應該就值得獲得一封感謝信。

⑳ Weight watchers。美國一家以體重管理為主要賣點的公司，付費會員可透過互動課程與其他會員或導師分享經驗或學習瘦身方法。並不依靠減肥藥，而是類似互助會的經驗分享與精神支持進行瘦身。

安在表演一場單口喜劇（open mic）時，從帽中抽出我的名字，就此點燃我對現場朗讀的熱愛；溫蒂是個認真的喜劇學徒，也啟發我對幽默寫作抱持敬意、認真與野心；麗茲和我在年度寫作大會同住一間房，當身邊眾人似乎都在打造自己的媒體帝國，我們卻仍只是一事無成的邊緣人，我便和她為彼此打氣。

確實，網路上可以討厭的事真的太多，而我要說的不只是上谷歌搜尋一次「嬰兒屁屁軟膏」，就會被相關廣告追殺到天荒地老。（谷歌，那只是過敏反應好嗎？它和你的廣告不一樣，它是會消失的。）我要說的是，你可以透過推特、臉書團體或電子郵件郵件清單，跨越州界、國界和世界，找到與你擁有相同熱情和興趣的人，真的是再神奇不過。朋友告訴我，她像追偶像那樣在社交軟體上追蹤的人，也和她一樣熱愛花卉——或時尚，或字體，語氣彷彿我一定知道那個人是誰。我每次都會覺得很有趣。無論好壞，我們都能在網路上找到自己的同類。寄實體信件給那些互動多半發生在數位世界的人，也可以成為一件非常特別的事。

等你來到摯友、童年好友以及留下來的朋友的末尾，有關收穫的提醒應該頗令人心滿意足，並且非常清楚生命中支持著你的，正是這些有如萬花筒那樣五彩繽紛的友誼網絡。

準備要讓這些色彩變得更鮮明了嗎？

曾經的朋友

如果你成功保住所有交往過的朋友，那麼可以跳過這個部分，去吃個早午餐，幫你和你的八十四萬九千四百五十二個好麻吉訂個餐廳。

但是，如果你和我一樣，一路走來還是丟了幾個，就可以在計畫的這個部分花點時間，回想自己從這些失去裡學到了什麼。既然你沒有義務要寄出所有感謝信，應該可以承受得起這種瀟灑。有哪些朋友教會了你重要的事，卻已經不在你的生命中，看不到從其延伸而出的影響？

在戀愛關係裡，我們多半會預設關係有一天終會結束，而友誼的結束往往更出人意料。

有沒有哪個朋友背叛了你，於是讓你學會信任多麼重要？或是某個人在生命中做出令人質疑的選擇，而你因此明白怎麼做對自己比較健康？有沒有人搶了你的女友或男友？在某一刻，我們都會對友誼失望（除了正在吃早午餐的你。乖乖喝你的血腥瑪麗，不要講話。）從那些時刻學到的教訓，就像你的安慰獎。拿這些事情來寫感謝信，可以將它變成你能掌控並再度回顧的事件。

大學時，我有一位機智風趣又美麗的朋友。她有很多好的特質，卻自認高人一等；總是要求很多、付出很少，其誇張程度令人咋舌。我花了好幾年才搞清楚我們的友誼是多麼一相情願，因為她該死的真的很有趣，所以我一直沒意識到這分友誼的核心並不平衡。等我終於意識到問題所在，便在兩人都只有二十幾歲時，用激烈的方式和她正面對質。那場大吵之後留下的是一個美麗的真相：我甚至沒空把時間花在真正喜歡我的人身上，為什麼還要在不喜歡我的人身上多浪費一秒鐘？打從那時起，這就成為我的箴言。

至於要不要寄出這些信……我找不到寄出的理由。曾經的朋友配不上代表永恆的郵戳。可是如果生命中沒有這些人，你又怎麼會瞭解留在身邊的朋友的真正價值？

歌單——對朋友的感覺

1. We' re Going to Be Friends — 白線條樂團 (White Stripes)
2. Friends — 霍迪尼樂團 (Whodini)
3. You' re My Best Friend — 皇后合唱團 (Queen)
4. Count On My Love — 莉茲費兒 (Liz Phair)
5. The Promise — 在羅馬樂團 (When In Rome)
6. With a Little Help From My Friends — 披頭四樂團 (The Beatles)
7. You' ve Got A Friend - 卡洛．金 (Carole King)
8. I' ll Be There — 傑克森家族合唱團 (Jackson 5)
9. Friends in Low Places — 葛斯．布魯克斯 (Garth Brooks)
10. California Friends — 悔恨樂團 (The Regrettes)
11. Thank You Friends — 大明星樂團 (Big Star)
12. Best Friend — 索菲．圖克 (SOFI TUKKER) feat. NERVO, 敲擊樂團 (The Knocks) & 植野有砂 (Alisa Ueno)
13. That' s What Friends Are For — 狄昂．沃薇克 (Dionne Warwick)
14. Thank You For Being a Friend — 安德魯．戈德 (Andrew Gold)
15. For Good — 魔法壞女巫 (Wicked) 音樂劇原聲帶

第四章

愛所教我們的事

如果你曾經活過，就要感謝過去。

——約翰・德萊頓（John Dryden）

麥蒂離家上大學的最後一週前，我開車和她一起去家附近辦雜事。在那一瞬間，我腦中突然冒出孩子初次離家時所有父母都會有的念頭：

我有沒有忘記什麼？

安德魯和我花了十八年，把能給的一切拚命塞給她，諸如我們認為要徹底長成一個大人應該知道的事。如今距離她搬出家門，我們只剩下幾天的時間。

——然後我就在驚慌失措之中領悟（並且抓緊方向盤）：我忘了告訴麥蒂，戀愛是多麼棒的一件事。

現代有非常多關於孩子戀愛關係的教育，都是以恐懼為基調：不要和網路上不認識的人講話！不要交換照片，因為你永遠不會知道照片最後會出現在哪裡！要禁慾！但是如果想放縱一下，記得安全性愛！如果和朋友一起參加派對，要把朋友看好，離開時不要忘記任何一個人！要打HIV疫苗！永遠別在派對上拿陌生人給的飲料。如果一定要喝東西，唯一安全的選擇就是由你自己打開的啤酒，然後全程都要用拇指蓋住開口，以防有人往裡面加藥！做出正確選擇[21]！

哈囉，恐懼，真是謝謝你全天候監視我的約會喔！

那天在車上，我突然想到，自己其實從沒和她們哪一個人聊過成為某人的特別存在是多美好的一件事。我沒和她們說過，戀愛能在瞬間為生命帶來怎樣的自信和提振，就好像電影《綠野仙蹤》（*Wizard of Oz*）從黑白變彩色那樣。和某人擁有雙方都感到滿足的性愛生活、並處在愛與忠誠的關係之中，實在稱得上是無價之寶。我從沒有告訴她們，如果你審慎選擇，就能放下心碎造成的痛楚，並用感恩的態度回顧前任情人還在時帶進你生命的事物。

所以我就開講了。麥蒂完全證實了她與生俱來的善良天性。因為在二十分鐘後，當她從停在超市的車上下來時，沒有衝向超市保全求救，畢竟那個抓著旅行車方向盤的金髮瘋女人在這場突發的TED演講中，至少還有四個重點要補充。

當我在那天下午回到家，便因這場意外而在要寫的感謝清單上，又多加了幾個名字。

這裡補充：那些信我都沒有寄出。其中幾封我其實也不曉得該寄到哪裡才好。（很扯對吧？臉書怎麼會有搞不定的事呢？）但即使我寄了，寫這些信的目的也不是想惹出不必要的麻煩，而是要認清生命中具影響性的關係，對他們表達我的感恩，接著繼續往前走。又或是像我寫給其中一人的信：

> 我不打算寄這封信給你，因為這樣會很奇怪。但是，藉著寫這封信，我說不定能對大宇宙傳遞一些善的意念，例如，讓你今天在辦公室前面找到超棒的停車位。

㉑ 原書註：麥蒂和露西可以證明這百分之百是我對她們說過的話，而且不只一次。「做出正確選擇」真的是她們中學性教育學程其中一個課程的名稱，所以我們就直接拿來當成一以蔽之的用語。

我在這章提供的類別並不一定是互斥的——這不是在蒐集五十州紀念幣，一旦缺了羅德島就不完整。就把這當成一個值得注意的面向，代表你人生至今碰到的那些軟爛、無奈或偉大的人格特質。當然，如果你嫁給了牽手的第一個人，也可以把上述一切寫在給現任伴侶的信中，接著就可以移往下一章。

可是對我們這些人來說，通往真愛的路很可能摻雜著各種起伏與繞道，說不定還有礫石岔路。假使能在這趟命運旅程中得到更好的裝備，找到真愛時有能力辨識——又或是等未來找到真愛的時候——那就太好了。

如果是那樣，就非常值得感恩；如果不是，那我希望你至少得到很多能炒熱晚餐派對氣氛，順道建立人物設定的冒險故事。

這麼一來，這部分應該可以面面俱到了。嘿嘿。

初戀對象

噢，初戀。亦即，你的腦、你的心和你的臀都異口同聲地表示「**到底是怎麼搞的？**」的那個瞬間。

當然，就和我那年代的每個直女一樣，我第一次看到杜蘭杜蘭（Duran Duran）的〈飢餓如狼〉（Hungry Like the Wolf）音樂錄影帶，分子結構就被永遠改變了(JT4Evah.)。但是，如果要我誠實以對，那麼第一個讓我心中小鹿亂撞的，其實是《新少棒闖天下》（*Bad News Bears*）的傑基・厄爾・哈利（Jackie Earle Haley）。

十歲的我走進戲院中，遇見一九七六年一支意興闌珊的少棒聯盟，心想不過就是看著《單身公寓》（*The Odd Couple*）裡的邋遢男笑個一、兩下的程度。然而，兩小時後離開電影院的我，已經不再是個小女孩——雖然也算不上女人。哈利和泰妲・歐尼爾（Tatum O'Neal）的空氣曲棍球場景，深深刻在我的腦海，還有（不知道為什麼）也刻在格紋彈性喇叭褲腰帶下方某處。說實話，我一直到二〇〇六年在《身為人母》（*Little Children*）看見哈利飾演被嚴刑拷打的戀童癖，才真的放下這件事。

也許這些迷戀帶來的衝擊不只是使剛萌生的戀愛生命突飛猛進。去年我參加了一場會議，小說家凱薩琳・森特（Katherine Center）讀了一段她十二歲時所創作，極為動人的杜蘭杜蘭同人小說給我們聽（請參照前面提到的分子結構）。內容大致是一輛觀光巴士在她家前面拋錨，一個勇敢的十二歲女孩不僅幫他們修好巴士，還準備了美味的零食大總匯。當然，密西根五虎[22]也欠她人情。森特告訴觀眾自己寫之所以DDFanFic[23]是因為「世上有人需要杜蘭杜蘭同人小說：那就是我。可是這個東西卻不存在，所以我必須自己寫給自己看。」這使得她在年輕時學到了無價的一課：相信故事的力量。這位寫出六本苦甜參半滑稽小說的暢銷作家，當然再瞭解不過。

回想你的初戀對象，能讓身心靈都以美好的方式將此變得甜蜜又有趣，並讓我們做好面對真相的心理準備。你最初產生好感的那個男生或女生住在隔壁嗎？或者他們是手鐲合唱團或披頭四的其中一個成員？還是傑基·厄爾·哈利？我懂的。

初戀對象，謝了。謝謝你們使這臺機器開始運轉。也許不會得到結果，可是，嘿，總要有人讓我們知道開關在哪兒吧。

教你美好性愛的人

每年感恩節，《舊金山紀事報》（*San Francisco Chronicle*）就會重登作家喬恩·卡羅（Jon Carroll）的一個叫《感謝之歌；感恩練習曲》的舊專欄。那並非一般日常的感恩禱詞，卡羅灑的網非常廣泛，他建議我們多花一些時間對藝術家、哲學家，以及掉到地上的火雞諸如此類的事心懷感恩。

我愛這個專欄，每年十一月都把它從報紙上剪下來，拿一顆「耶穌近了，忙得要命」的磁鐵將之貼在冰箱上。每當我這麼做，總會多花幾秒默默感謝卡羅在禱詞中建議的另一個人：「我們一定都是從某人那裡學到美好性愛的定義，那個人值得這幾秒。」我沒有忘記把這個人放進影響人生的五十人中，所以功勞可以歸給卡羅。

事實上，這也許是我和麥蒂在超市的那場車上獨白中，所講到的最重要的主題。尤其如今我們生活的時代，「女生」怎樣做才「正常」的想像，往往會被媒體圖像和網路頻道扭曲。公眾意見對性關係之間的權力平衡，所傳達出的訊息令人沮喪，因此，告訴年輕女子這件事，可以說是至關重要。我要她瞭解，你在一段關係中應得的性，必須具有信任且開放溝通的特性，真正雙向的情感和其他的那種完全不在同個檔次，不管電影和網飛是怎麼描繪的。而且每一個人都有權力獲得美好性愛，並且可以在得

㉒ 指一九九一年密西根大學男籃招募的五名高中生。
㉓ Duran Duran Fan Fiction。杜蘭杜蘭同人小說的縮寫。

不到時自由離開。

我之所以瞭解，是因為生命中有一個人教會了我。

我大學時和認識的人發展過關係，雖然那時他沒那麼喜歡我，可是我還是將性和愛劃上等號。誰不想被愛呢？所以時不時，即使必定令人失望，我還是任其發生。我知道自己可能應該抱著高一點的標準，但要是高標準代表我每週六都得孤孤單單待在宿舍房間，重複聽史密斯樂團（The Smiths）的〈就是現在〉（How Soon Is Now），那怎麼辦？這個難題非常複雜，但只要幾瓶啤酒下肚，我就不用去解決了。

然後，謝天謝地，我在二十多歲時遇見了一個喜歡我、最後也愛上我的人。我們在交往前當了幾個月的朋友，而且打從第一次在一起，我就想，「**噢**！現在我懂了！」他替我在美好性愛與糟糕性愛之間畫出一條清楚界線，而且是一輩子有效。如果能吃高級巧克力，為什麼還要吃便宜的呢？

在過去，有沒有一個人幫你理解自己也能成為慾望的對象，而且值得尊重？有沒有某個男孩或女孩，以溫柔與傾慕的態度對待你的身體，讓它唱出更強烈的共鳴？有沒有人幫你瞭解自我價值，再也不要放低自己的標準——又或者，要是放低，代表你是有意識地這麼做？

如果對於美好性愛的感恩最終成為寫給現任伴侶的文字，你猜會怎樣？你的性生活可能會變得更美好。二〇〇八年一項針對人類社會價值的神經機制的研究發現，感恩和更高程度的多巴胺有關。那是一種又稱為「獎勵」物質的神經傳導物質，能夠提振愉悅的感受。此外，關於促使行為，多巴胺也扮演重要角色。科普記者貝瑟妮・布魯克夏爾（Bethany Brookshire）在二〇一三網路雜誌《頁岩》（*Slate*）的文章中寫道，「我們把這（多巴胺）稱為警覺。警覺的等級比注意更高，等於必須密切關心某樣事物，意識到那樣事物獨立發出的訊號。」

對於造成愉悅的人事物表達感恩，等於給予他們一股多巴胺，也是在告訴他們，「再來一次！再來一次！」萬歲萬歲萬萬歲！

意義非凡的前任情人

我要正式免除你寫信給過去每個曾與你深情相望的男友女友這項重責大任。你很可能有更重要的事要做，像是洗頭髮，或是確認碗櫥還剩下多少萬聖節的經濟包糖果。

然而——回到第一章的那些問題——在你的過去還是可能有一、兩個人曾以某種方式幫助、形塑或啟發你，而且並不只是和你親熱，或借你毛衣。這些人對你的人格發展有著意義，教你一些實際的事，在你需要幫助時和你站在一起。我會把這些人集結在「意義非凡」這個種類，然後動筆開始寫。

我其中一封是寫給共同經歷一九九〇年柏林圍牆倒下的男友。我的德國前任男友和我之間總是保持著某種熱烈的友誼關係，我想，一部分是因為我們一同經歷了性格形成的時期。我在冷戰減退時搬到慕尼黑，首當其衝地經歷了東西德磕磕絆絆、劇力萬鈞又振奮人心的合併。我那時的男友住在柏林，我曾飛過去見他，前往那座身處國家轉變核心的城市。我們拿了根錘子去柏林圍牆幫忙敲，在一九九〇年新年凌晨走過布蘭登堡門，當時東德守衛已經拋下崗位。幾個月後，我們開著他的車駛過東德鄉間，瞠目結舌地望著鵝卵石路和灰撲撲的史達林式建築，與前衛嶄新的西柏林形成鮮明對比。我住在德國的最後一晚，則去看平克．佛洛伊德（Pink Floyd）在圍牆表演〈圍牆〉（The Wall）。

由於能在第一排目睹世界歷史的一塊碎片，我心中的讚歎大概永遠不會消退。更甚，我竟然能夠透過生於西德的男友雙眼，目睹從前無法想像的國家合併變為現實，這絕對值得在我不會寄給他的信中記上一筆。

你和前任情人說不定也擁有一張類似的冒險願望清單，然而也可能有更小、更個人的成就。像是，前任情人帶你去看了第一次納斯卡賽車（NASCAR），釋放了你的玩命關頭性格？她與你分享自己媽媽的檸檬蛋糕祕密食譜，後來只要你心情不好，就會烤來吃？就算在那重大的歷史時代，我們還沒在一起，幫助來自國外的女性朋友適應那對德國人來說已成日常卻令外人膽寒的巨大行政迷宮，我這位德國友人依舊功不可沒。我這樣寫給他：

> 我們關係的背景是：我來到一個誰也不認識的地方居住和工作，而基於這個前提，你對我來說是非常好的朋友。要是沒有你可以讓我詢問一些基本雜事的建議和忠告，我很懷疑我能在德國存活兩年。諸如繳稅、到郵局付帳單（對，這個系統在我聽來依舊超級詭異），甚至拿到居住證和工作證。

我希望你生命中的愛人為你帶來許多無形的禮物：當

你自信不再，他們仍對你深信不疑；他們天賦異秉，總是知道該在什麼時候稱讚你的外貌；他們擁有敏銳的天性，懂得幫你挑出童年的心靈垃圾。我這樣寫給一個前任男友：

> 你對我十分友善，處處照顧著我，而且用我非常陌生的方式真心在乎著我。當我回顧生命中那一刻，我開始珍惜自己的天賦和才能，並對真正的自己感到驕傲。我想，這必然是始於你以尊重與驕傲對待我的時候。

我的朋友麗莎如今來到五開頭，是個快樂的已婚人士，也是忙碌的志工，還養大了一個兒子。然而，她經歷了一些瘋狂階段才走到今日的幸福美滿。（她大概會用「我殺氣騰騰地在一九八〇年代早期好萊塢闖蕩」來形容。）幾年前，她決定有系統地聯繫所有前任男友，一一拿回自己故事的所有權和控制權，並從這些過往關係中找到美好。

麗莎寫給一位前任男友，感謝對方忍受（她稱之為）年輕時的「誇張行為」，以及在財務與朋友層面對她伸出援手。對方很驚訝竟然會收到麗莎的信，更驚訝的是她竟然心懷歉意，於是聯絡麗莎。她說：「結果很快變成他感謝我。他把我當成刺激他音樂生涯的助力，還有塑造人生的關鍵。然而我完全不曉得這件事。那個時期的我，基本上把自己當成一股黑暗又自私的力量，他讓我知道我錯了。到今天，這一直影響著我看自己的方式，也是因為這樣，如今我才能寬恕自己做出的一些糟糕決定。」

在這個類別，我有一封信寫給我曾經為之瘋狂，對方卻——這個非說不可——對我沒那麼有感覺的人。我可是不顧顏面地拚命爭取後才放棄，每當回想那時遭到拒絕的痛苦，我就深深知道他在我找到安德魯的路上，是一塊非常重要的踏腳石。

> 我猜我們那段短暫又狂暴的時期給了我勇氣，才能撐到找到符合所有條件的人：聰明、風趣又善良。所以感謝你幫我設下了高標。

就像我那天對麥蒂進行的**車上說教**，「我衷心希望你是因為一個人的美好特質而選擇愛上他。就算你和那些人分手，美好特質也不會消失。」當你們在一起——說不定就算已經不在一起——那些美好特質會讓你的生命變得更好，所以該給的功勞不能忘記。這就是放在這個分類的信件的重要之處。

夢幻島

承認吧，你一定有過這種經驗：一邊洗碗一邊看著要遠不遠的地方，同時間孩子就在旁邊為了三年級直笛演奏會練習，你心想，要是我和史嘉蕾．喬韓森結婚，現在就不用又得做家事，又得耳膜流血了。你一定也有在工作時邊聽預算提案，邊在心中天人交戰地想著，一九七七年哈里遜．福特版韓索羅與二〇一八年艾登．艾倫瑞克版哪個更好。然後彷彿真心罪惡地舉起一隻手，伊卓瑞斯．艾巴，我一定會對你很好很好的。

思緒漫遊。這是他們最喜歡的把戲之一。而且，有時為了去到最平靜、最提振精神的地方，就得找個毫無機會的人，讓你能奢侈地沉浸在絕無可能的妄想情境中。我有個朋友把這些時刻稱為腦中的「快樂小窩」，一個脆弱但很臨時的平臺，能在我們將湍急的日常生活稍稍減速時，提供一個喘口氣的地方。但總而言之，就是個平臺。

我不是要你對現任伴侶不忠，而是要告訴你，活躍的幻想世界可能是一種以前用過且令人讚歎的免費調節機制，那裡的人可能也值得一封（不用寄出的）信。

我們的女兒上的是蒙特梭利托兒所，有一次我們收到通知，學校（位於奧克蘭市一間雜亂的老維多利亞式房子）需要升級火災警報系統。幾天後，當我握著麥蒂和露西的手走上前門階梯，正好看見兩個蒙特梭利的女老師瞪大了眼睛看著上頭。

正在一把梯子上全神貫注修理天花板上煙霧警報器的，是老天覺得必須創造出來、最精雕細琢的一名火災警報維修員——輕盈的身軀，摩卡棕的皮膚，發光的黑長髮俐落地在腦後綁成馬尾。他讓周圍所有人瞬間失去語言能力（孩子除外）。閃瞎我們的到底是五百瓦的電燈泡，還是他身上的聖光？這很難說。所以不如讓我們繼續偷看到找出原因吧。他很有禮貌，對學校的每個人都很友善，而且根本是恍若臺座上的希臘雕像那樣坐在我們頭上三尺的梯子上，使得此事的挑戰度變得更高。托兒所急救箱裡面有嗅鹽嗎？應該要有的。

這位朋友一整個星期都駐點在此修理煙霧警報器，所有媽媽都克制不住花枝亂顫，老師又更嚴重。沒錯，當那輛廂型車在最後一天開走時，我們都因為孩子和老師將更加安全鬆了一口氣，可是其中還點綴了真心的遺憾。再會了，消防警報維修員，儘管我們素不相識。

十三年來，我們家裡沒有人再上過蒙特梭利學校，但是每次當我看到車側上寫了「消防警報」的白色廂型車，依舊會多看個一眼。

當然，這也是一道雙面刃。安德魯是臉書社團斯堪地那維亞青年的成員，這件事在我們家是公開的祕密，雖然他不是斯堪地那維亞人，也不是青年。「不知道為什麼我就被加入了。」他對我說。我對此的解釋是，當你按下「加入」按鈕，大概百分之百會成為會員。他有時會告訴我，他和斯堪地那維亞青年的人在太浩湖見面，一起修繕小木屋或醃鮭魚、或參加仲夏派對，我都叫他好好去玩。可是我知道他只是要和比吉塔、西格麗德和馬琳見面，等會兒依舊能準時去接上芭蕾課的露西芭蕾回家。

我認為，有時人生充滿困難，就像在颶風之中把一大袋石頭推上山丘，傷害不可避免。因此，不管幫助你撐過去的是什麼，只要不會傷害到你或其他人，將之當成因應對策就合情合理。這些日子以來，我母親會隨時在皮包裡放一張五乘七的照片——不是我父親，而是之前提到那位約翰・丹佛模仿者在最近一場表演結束後，一手攬著她站在旁邊的照片。由於真正的丈夫撒手離去，母親時常因此沮喪。可是，只要看到那個假約翰・丹佛，她往往能重拾笑容。所以我完全支持她。

當你回顧過往，為了準備明天而暫時前往「快樂小窩」瞄幾眼的人是誰？在你需要分心的時候，他們幫助你跨越了怎樣的深淵？這些為了你存在的人，可能只活在電影螢幕或小說裡，或是坐在你通勤公車的前面三排。可是他們在你需要時提供了心靈上的出口。所以對他們道聲謝謝吧。

早散早好

來了：在我們生命中真正應該冠上「前〇〇」的人。就和曾經的朋友一樣，你也會因為知道該避開哪些人而得到形塑和啟發。就像真人版的趨光性；一種讓植物朝向光源、背對黑暗生長的現象。

這部分所提及的並非褪色的愛。有一些人會讓你掃除一切懷疑，清楚知道自己值得一個能保得住工作、會規律洗澡，並善待你母親的人。他們對你的壞（希望這段時間不會太長）成為鍛鍊你斬除失敗者、拋開占便宜者的磨刀石。事實上，如果你還在進行式當中，恐怕並不有趣，可是你不會犯下第二次錯，或至少第三次。

如果你選擇寫給這個類別的人，要產生原諒的想法、騰出足夠空間進行感恩恐怕不太容易，也沒人說會很容易。

可是，寫下你從**早散早好**學到的教訓，並且反省你是怎麼藉此走到今日，是將這些關係重新建構，改造成一大勝利的好機會，不會只是浪費時間和精力。

歌單——愛所教我們的事

1. Crush On You — 噴射機樂團 (The Jets)
2. I' m Not a Girl, Not Yet a Woman — 小甜甜布蘭妮 (Britney Spears)
3. The Night We Met — 休倫大帝 (Lord Huron)
4. Somebody to Love — 皇后合唱團 (Queen)
5. In Your Eyes — 彼得．蓋布瑞爾 (Peter Gabriel)
6. When You Were Mine — 夢魘1927 (Night Terrors of 1927)
7. You Wear It Well — 洛．史都華 (Rod Stewart)
8. Penelope Cruz — 鮑伯．施奈德 (Bob Schneider)
9. The Roughest Toughest Game in the World — 分裂恩茲樂團 (Split Enz)
10. A Letter to Elise — 怪人合唱團 (The Cure)
11. Love Ain' t For Keeping- 誰合唱團 (The Who)
12. Every Time I Hear That Song — 布蘭迪．卡莉 (Brandi Carlile)
13. I Can' t Make You Love Me/Nick of Time — 美好冬季樂團 (Bon Iver)
14. Who Needs Love Like That — 滅跡合唱團 (Erasure)
15. Unsent — 艾拉妮絲．莫莉塞特 (Alanis Morissette)

第五章

有影響力的人帶來的啟發

我們都該對點燃自己內心火焰的人，懷抱大大的感恩。

——亞伯特·史懷哲（Albert Schweitzer）

如果你去街上隨便找個人，問他們感謝生命中的誰，我敢打賭百分之九十都會說一些類似「家人啊朋友」之類的話。這是非常明顯的類別，可以說占據了我們大半心思，也是最完美的標準答案。就是因為這樣，我們才要從這些人開始。

但是，那位在你的牙齒變成得請假好幾週的嚴重醫療事件前，就幫你發現並出手處理的牙醫呢？或是，因為能夠預測你的成績發展，幫你從法文班換到走廊上另一邊的科學班的老師呢？又或者，把你擺在一個你最後深深愛上的職位，也讓你對自己的能力比以前更有信心的老闆呢？

對我來說，感恩計畫的這一部分最像重塑腦子，因為這讓我養成一個習慣，針對那些從來沒想過要獲得感恩的人士，尋找他們到底用了哪些無形的方法給我們支持。在一些例子裡，幫助我們算是他們獲得報酬的主因，你也是可以主張自己沒欠這些人什麼，只是讓他們得以透過你來精進專業能力。

但我想再次提出，在名單這部分的人，很可能是值得收到感謝信卻不曾收到的。你可以思考十五秒，想想如果沒有那些令人難以忘懷的醫生、專業的醫療人員，以及一路上碰見的楷模榜樣，人生會變成怎樣。這樣一來，你應該很快就能理解你欠他們多少感謝。

此外，既然都來到寫信的這個階段（就算只是在腦中），你應該會發現你手中的感恩並未減少。你給得越多，滿出來的似乎就越多。而且科學顯示，你往哪裡給感恩，快樂就會在那兒停留更久。

二〇〇五年有一篇發表在《美國心理學家》（*American Psychologist*）的研究，針對寫感謝信給想感謝的人，並親自執行一次性「感恩拜訪」來傳達信件，觀察他們感到快樂的後續持久度，並將此舉和另一件事拿來比較：參與者在日記上記下每天進展順利的三件事，並持續進行一週時間。

寫信並親自送達感謝信的參與者，在之後隨即少量增加十個百分比的快樂，但這個量在一週之中減半，六個月後則無明顯增加。

相較之下，每日持續進行「三件順利的事」的人，雖不像進行感恩拜訪的人一樣，立刻得到如此高的快樂程度——一週後，他們只比先前多快樂了兩個百分比。

可是，在接下來的測試中，這個群體的快樂程度持續增加，從一個月多快樂五個百分比，到六個月多快樂九個百分比。即使他們得到的指示是記錄七天中的三件好事，接著就停止。然後——這個研究我最喜歡的部分來了：參與者非常喜歡這個每日寫作練習，所以就繼續維持下去。「第六實驗室注意！有一些感恩者逃出去了！黃色警戒！」

我算不上什麼科學家，但我認為，如果我們把第一組的寫信練習結合第二組持續書寫感恩日記的特性，就能啟動快樂等級的通量電容器[24]——如果我的計算正確。

重點在於，如果要寬宏大量地往名單上多加一個名

[24] Flux Capacitor，來自電影《回到未來》（*Back to the Future*），是時光車的核心裝置，可使車子穿越時空。

字，完全是可以做到的。誰是你生命中沒被注意到的英雄或幫手？這裡給你一點小提示：他們就藏在任何一個角落裡。

在學校

如果要特別形容，那麼我應該是所謂的大器晚成。我向來熱愛閱讀和寫作，可是在這非常愉快的十七年間，我都在行銷和商品管理領域工作，接著才在四十歲左右決定我真正想做的是成為一名作家。那就表示一切都要從零開始。

——雖說其實不太算。因為我中學的先修英文老師是一位叫做格林女士的人。

我參加過很多寫作工作坊、課程和會議，囫圇吞下那些關於寫作技藝的書籍，以及過去十幾年為了精進技巧而寫下的數百萬字，一切全奠基在一九八三年至一九八四年念書時格林女士教導我的紮實寫作基礎和文學分析。我們會解析、背下，然後表演《馬克白》（*Macbeth*）裡的段落；拚了老命研究《英文寫作聖經》（*The Elements of Style*，又稱*Strunk & Whites*），而且每次只要交出第一稿，她的反應往往都是「起頭不錯，現在把它縮短三分之一。」

在那一年，只要是和我同班的人絕對無法忘記：當格林女士滔滔不絕地大講一堂文學課時，不慎把「有機體」（organism），口誤成「性高潮」（orgasm）。教室裡年僅十七的小鬼怎麼有辦法平靜。我們都好愛上課，恨不得想知道接下來還會發生什麼事。

因為格林女士，我在職業生涯中最喜歡的，往往是和寫作有關的少數任務。有一次，我以敘述性結構、伏筆外加意外結局的方式，交出一份歐洲市場軟體產品的年度行銷策略計畫。其他部門的一位資深經理看了，跑來我的辦公室跟我說，那是他今年為止讀過最棒的東西，雖然我發現他與其說是在讚賞我的文筆，更像是譴責自己的閱讀習慣……但總之就是這樣。

格林女士在雷根時代就讓我變成作家，我只是直到小布希時代才弄清楚。

老師們很可能從沒因為自己的犧牲奉獻和難以想像的挑戰，獲得什麼表揚，可是在這個教育預算緊縮、艱鉅考驗重重的時代，老師應得的感謝和實際上獲得的之間的鴻溝，實在讓人有點在意。你真的覺得送物理老師柯提茲先生一顆漂亮的紅蘋果就夠了嗎？他花自己的錢買班上要用的圖表紙，還在星巴克打工，好讓收支平衡耶？就是因為這樣，給你——或你孩子這些年來遇到的優秀教師寫一封信，正是這部分清單的絕佳開始。

從你身上看見特別之處的教育者是誰？讓你開開心心去上課的人又是誰？是誰對你的功課抱持高標準，並且不經意地使得之後的一切變得更容易？

當我的朋友梅莉莎著手她那批等同人生里程碑的感謝信時，便將五年級老師和幾年前過世的中學德文老師包含在名單裡。梅莉莎這麼寫道，「大家都認為老師是最高貴的職業之一，而我只是透過一個小小的動作，讓我生命中一些重要的老師知道自己帶給了我多大的影響，讓我變成今天的模樣，即使這些信無法送到他們手中。」梅莉莎打算把寫給過世德文老師的信寄給老師的女兒。「我想她女兒可能會想讀讀信，瞭解一下自己的媽媽在擔任我老師的四年之中，給我帶來多大的影響。」

當然，讓我們生命有所不同的不只是學校裡的老師，還有教練和諮商師、餐廳阿姨以及圖書館員。我念的中學有個人氣超高的警衛，當一些同學回想布萊頓中學的燦爛時光，他也許會是大家第一個想到的人。你經歷的教育系統對於你長成怎樣的人，有著絕對的影響。

此外，我們不只會在學校遇見改變自己的導師。你的鋼琴老師、教育班長，還有／或是空手道老師，也在你的名單上嗎？

對於那些幫助你發現自己的天賦，並且把它打磨得閃閃發亮的人，寫封信表示你有多麼重視他們的大師課程，再合適不過了。

私人診所

儘管很多人都害怕來到中年的諸多不利情況，我卻發現了一個可以欣然接受的面向：以謹慎且積極的態度珍惜身體健康——因為每幾個月就會又有個什麼壞掉或爛掉。

一開始是足底筋膜炎，接著是五十肩，然後非常有意思——乾眼症發作，搞得我整整六個月一副整天嗑藥的迷茫模樣。我就像條緩慢移動的冰河，對於一切束手無策，只能橫衝直撞地闖進前方那些和年紀有關的大小病痛。

寫信那年，只要發現我在診所等候室裡除了十年前的《美國週刊》（*US Weekly*）外，沒東西可以用來分心（不對，二〇〇六年除外，結果裘莉和小布還是無法幸福快樂到永遠），就有了絕佳理由去思考生命中各種醫療專業人士，回想他們為了讓我和我的家人健健康康、正常運作，做了哪些無人注意的必要措施。拜託，他們可是幫你處理尿液、戳開你的外翻拇指和檢查你的前列腺的人耶，你連稍微致意一下都不願意嗎？

多年來，是哪些醫療專業人員為你減緩疼痛、把你的疾病治好，為你在健康上指點迷津？有沒有人及時讓你接受正確的治療，或是幫你戒掉長久以來的壞習慣，或在上班以外的時間打電話給你，確認你是否安好？

也許這些特別的醫生護士照顧的不是你，而是你年邁的父母或孩子。如果沒有他們以嫻熟的能力照顧你愛的人，你的人生恐怕就會很不一樣了。雪儂展開她一百天一百封信的感恩計畫時，一切的起始其實非常簡單：因為她要寫信給全心照顧她過世母親的那位醫生。「我特意去植物園為我媽買一塊紀念磚，因為她會做園藝。」雪儂這麼說：「但是有人告訴我，『順帶一提：妳知道她在這裡已經有一塊了嗎？』」雪儂找到了磚塊，上面刻著她母親的名字，還寫上「充滿創意，睿智且善良」。雪儂的母親過世後，她的醫生悄悄為她捐了一塊磚。雪儂說：「我花了一會兒思考這位醫生和他的舉止，然後立刻決定我非寫給他不可。」這第一顆小石頭，最終擴散成了九十九封信。

我寫了一封感謝信給順利將麥蒂和露西接生到世上的婦產科醫生。用這麼短的一句話描述我生命中最了不起的兩個贈禮——健康的孩子——著實有些荒謬。然而，即便我的分娩很單純，但這樣平靜無波的生產過程依舊有著風險，大家不該認為自己能夠百分之百安全過關。以下是我寫給醫生的部分內容：

> 這兩次我都感到害怕、疲憊又疼痛，你也在這兩次中展現出極大的自信，以及實事求是的鎮定態度，讓我能更勇敢、更強壯，甚至更堅定認為自己能撐過去。我記得過程很痛，可是和驕傲以及終於能見到寶貝女兒的情緒相比，這痛實在是微不足道，就跟以前我還是個什麼都要反對、口出狂言說這輩子絕對不生小孩的青少年時，我媽告訴過我的一樣。
>
> 謝謝你、謝謝。謝謝你把我的兩個女兒平安接生下來。這份恩情我沒齒難忘。

寄出這封信最棒的地方在於：我收到了回信。我的婦產科醫生蘿瑞・格林在舊金山接生了三十五年，並管理一個替退休醫生和醫療服務不足的社區診所牽線的基金會。我看到她的一篇訪問，其中提到，根據估計她一共接生了一萬七千個嬰兒，而且最後一次休假是在二〇〇〇年。我的重點在於，格林醫生應該要持續收到連鎖花店賣的附有「謝謝你！」卡片的花束。但是，在收到我的信後，她卻仍花時間回信給我。這讓我意識到，雖然她非常應該收到感謝，這種事卻不常發生。

謝謝妳這封美好的信——我在全國各地舉行女性大遊行的今日，把信打開來閱讀。能成為妳的五十人之一，我再榮幸不過。儘管需要下很多苦工和練習，但知道自己能夠有所貢獻，真的讓人非常高興。

根據醫學訊息網（Medscape）二〇一八年的問卷調查，據說有42%的內科醫生因為高強度的工作感到內耗，15%則經歷過某種形式的憂鬱症。但是，只要一名病人的感恩就能帶來些許減輕。二〇一七年一項針對病患的感謝和護士內耗狀態之關連的研究顯示，病患若表達感恩和支持，能帶來極高的幫助，特別是對在急診部門這樣高壓環境工作的護士。

露西在嬰兒時期因為呼吸道病毒住院了整整一週（我的朋友吉兒就是在這個時候緊急投放《時尚》雜誌和拿鐵給我）。在她完全康復幾週後，我把小露西揹在前面，出門買了方形蛋糕給奧克蘭兒童醫院護士站，直接去找在我們家孩子生病時無微不至地照顧著她的醫生和護士。甚至，我後來才感激地發現，其實這種病是可能要人命的。

病房裡的護士看著寫了「醫生和護士，謝謝你們！」的巨大香草蛋糕，紛紛目瞪口呆。

「從來沒有人這麼做。」其中一位護士說。她們負責監控我女兒的血氧濃度、管理她需要的救命抗生素，並且在病房裡陪著我們的孩子，我才能在每天早上衝過大街買杯咖啡，在下一輪鎮夜守在女兒身邊的二十三點七五小時前，將一口新鮮空氣深深吸到身體裡。「完全沒有。」

我們生活在一個科學奇蹟的年代，從前可能在一週之內帶走人命的疾病，如今只要一劑疫苗就能預防，或一顆藥丸就能治癒。醫生和護士（以及家庭健康助理、物理治療師、針灸師和靈氣療癒師，或是任何讓你能身體健全的好隊友）正是讓我們接觸到這些療法的人。這些出於智慧、愛心和理解這麼做的人是多麼優秀，應該要讓他們知道才是。

工作場合

我最早曾在羅徹斯特市伊利運河旁一間歷史建築裡的餐廳工作。我隸屬一批高中生打字員，他們會在課後去那裡將羅徹斯特電話簿裡的地址打出來並貼到信封上，讓我們把廣告傳單塞進去。

我不喜歡這份工作的地方不是它一成不變的特質，或是像蓋世太保一樣積極檢查信封的跋扈上司，而是打字員待在一個用鐵絲網圍起來的小小木頭棧板上面工作。沒錯，我被關起來了。在一些下午，當我們那毫無幽默感的老闆不在，餐廳麵包師傅就會可憐我們，從鐵絲網的洞洞把小小的玉米鬆糕遞過來。最怪的地方在於，這個餵食玉米鬆糕的動作並沒有讓我們這些青少年打字員感覺好一點。

只要是經歷過類似爛工作的人都很清楚，好老闆和沒被關起來的工作環境千金難買。但是你可能不會瞭解的是，有多少人對此表態。

在約翰坦伯頓基金會那份二〇一二年感恩調查裡面，只有10%的回答者每天對同事表示感謝或感恩，而且只有7%對老闆這麼做。同時，十名回答者中有九名都說對同僚表示感恩讓他們更快樂、更滿足，卻有60%的回答者從未在工作環境中表示感恩。

各位，這就是所謂的大好機會。看看你左右兩旁，確認一下休息室裡面，可能會發現一些可以加上清單的同事、員工和老闆。

工作場所的感謝信範圍可以非常全面：如果你是老闆，可以考慮感謝那些讓一切順利的員工，將能帶來什麼影響。我讀過最感人的一封感謝信來自查爾斯·傑克·普萊斯（Charles Jack Price）。一九六三年十一月二十七日時，他是達拉斯帕克蘭紀念醫院的行政管理，當時德州州長約翰·康納利（John Connally）、總統約翰·甘迺迪與槍擊犯李·哈維·奧斯華（Lee Harvey Oswald）全被送進那裡接受治療[25]。其後，普萊斯對帕克蘭紀念醫院所有職員寫了一封備忘信，概述這兩天的事件對這家慈善醫院的重大意義。在許多意義上，這裡成了美國政府，同時也是德州政府的臨時總部，也是第三十五任總統死亡、第三十六任總統上任之處。也許，最讓人難忘的是這家醫院仍持續服務其他病患。普萊斯接著對他的團隊說：

㉕ 指時任美國總統甘迺迪於德州遭到暗殺的事件。

令人驕傲的並非我們遭到歷史事件的悲劇旋風衝擊，而是當遭到衝擊時，我們仍舊屹立不搖。

當時帕克蘭紀念醫院的員工自然承受了創傷，普萊斯特別指出，他們的專業和優秀的表現，必然對幫助他們恢復與繼續驕傲地從事這份工作，產生長遠的效果。

其實也不需要非有巨大成就才能獲得認可。我開始寫這本書以前，並不曉得我哥哥賴瑞多年來會手寫感謝信給員工。他帶領羅徹斯特市一家滿大的股份有限公司的設施組，該公司的駐點遍布全國，他也常前往各個駐點。

賴瑞說：「對我而言，訂機票和旅館、做發票核銷非常痛苦。我出差時，常會傳訊給出差組和合作的行政，得知這一切總是毫無例外地獲得妥當處理，我真的鬆了好大一口氣。和為了差旅所做的計畫和行政工作相比，只是寫寫信真的沒什麼。」他常會在信封中放入價值一、兩美元的刮刮樂，然後拿去部門信箱寄。雖然這麼做的風險是員工可能會中了大獎，然後離職，賴瑞還是說：「我最好的回報就是可能會在經過某名員工的個人工作區時，看見我寫的感謝信釘在他們空間裡。」

真的不要低估好老闆聽到「謝謝」二字能帶來什麼意義。

我曾獲得側寫華爾街先驅瑪格・亞歷山德（Margo Alexander）的機會。瑪格在一九七〇年代早期踏入這個男性為主、混亂且暴跌中的金融服務業，以不屈不撓、聰明才智和拚命三郎的性子，成為華爾街最高研究部門的第一名女性領導人，也是負責主要交易室並帶領一家龐大資產管理公司的首位女性之一。她在二〇〇三年以瑞銀環球資產管理（UBS Global Asset Management）董事長及總裁身分退休，是華爾街最資深的女性之一。

在瑪格的職涯經歷和幕後背景中，她利用自身影響力，透過對組織政策的影響，以及實際的雇用和晉升，讓金融服務業對女性更友善。我訪問的那些與她共事或受她雇用的人都提到，她決心要在男性主導的金融服務業打造更能接納且多元的工作環境，為後人開一扇門，並且保持暢通。

瑪格在金融產業的事蹟，其中也包含帶領一九九〇年代主要資產管理事業走出陰霾，可以說完全有資格得到盛讚和獎盃，而且拿得理所當然。但是當我問她，在這漫長且可稱楷模的職涯中，有哪項成就對她最意義非凡，她說是她和同事與員工於個人層面上的交流。她說，目前她仍會從幾十年沒見的過往員工那裡收到意外的感謝信。「大家會說『妳是我碰過最好的老闆』，」她告訴我說：「那對我來說真的意義非凡。」

如果你的過去或現在碰過模範老闆，讓他們知道自己改變了你，一定是非常棒的一件事。當你把原因清楚列出來——也許是在你照顧生病的親人時，包容你對彈性工時的需求；或是在你不確定自己是否準備好（但其實早就準備好）的時候，把你升上那個職位；又或是當你在工作場合受到不合理對待時為你撐腰——他們讓工作團隊的最佳表現得到正面強化，你則可以回顧每日獲得的讓你生命變得不同的支持和幫助。

在第一個網際網路時代，我在一家使泡沫崩塌的科技公司上班。我們嘴上說的都是什麼「加乘效應」、「槓桿策略」，還有一大堆員工福利，沒人講什麼「收益流」或「可持續發展的商業模式」。我加入公司六個月後，參加了一個假日派對，裡面有踩高蹺的雜耍人、牛肋排攤位、壽司師傅，以及兩組表演樂隊。我那位銀行家丈夫嘖嘖稱奇地打量這場慶典並問道：「你們到底是怎麼賺錢的？」我無法回答。

我喜歡這份工作的地方並非那些誇張的福利——例如在迪士尼樂園做團隊建設（Team Building），或到星期五餐廳大喝啤酒——而是老闆布蘭達。她能用清楚的方式溝通，把功勞公開歸給團隊成員的點子，並在你需要時盡可能給你彈性——只要你能完成工作。當時麥蒂才剛會走路，我只是兼差。每次只要我在強制參加的全公司會議中早到，或為了完成任務待得比較晚，布蘭達就會狂嘮叨到我去請補休。而當我告訴她我懷了第二個孩子，她甚至給了我更大的包容。

二〇〇〇年那次無可避免的全公司大裁員前晚，我懷了露西九個月，她給了我最大的善意：先打電話到家裡讓我先有心理準備，並且確保：第一，安德魯有房產；第二，我接電話時乖乖躺好。我想她大概很擔心這個消息會讓已經來到懷孕後期的我帶來衝擊，因此違反所有她必須遵守的公司章程，讓一個母親不需要承受將在次日展開的職場大屠殺。因此，當我在第二天吃力地慢慢走進公司，幾乎已經消化完這個消息，得以在全體出席的宣布時間站在第一排，一面用誇張的動作按摩我巨大的肚子，一面用我最能引發罪惡感的責難眼神瞪著總裁。

我想念牛肋排派對、想念迪士尼樂園之旅，可是最想念的人是布蘭達。妳是我第一個真正的典範，妳在完全不以善良和道德聞名的領域中，當了一個善良又有道德的人。

如果你全職工作，比起家人，每天和工作上的同事相處的時間可能多更多。如果工作場所中，有好友能在你遲到時幫你打卡，當你陷入危機時表示願意在午餐時間幫你做Excel表格，或有鼓勵你報名專業發展課程的良師益友，並安排公司付這筆錢，為什麼不寫封信告訴他們，你並沒有把一切視為理所當然呢？

心靈啟發

在女孩們念小學時，那些返校夜總是會有一條走廊，牆上裝飾著那些寫上「我們的英雄」的閃亮標誌，下面還掛著海報，上面有孩子以圖文表現出啟發他們的那些人。我最愛看這面名人牆的組成多麼五花八門又光怪陸離。尼爾·阿姆斯壯、C·J·沃克女士、茱利亞·柴爾德[20]，也許還有爺爺和奶奶。你還小的時候，大家都會希望、同時也鼓勵你找一個人當成楷模來景仰，並且追隨他的成就。畢竟你還小嘛。

長大成人以後，也許這些人依舊在你生命中，不過，你不太可能還為他們畫畫像，或是寫篇短文闡述你向他們看齊的原因——嗯……我是說，到現在是這樣。好了，不要再聞那瓶膠水了，把手收好，想想有誰為你的人生設下了正面典範。

在這個分類中，我寫的第一封信是給我的牧師。我去的是聖公會教堂，他們不但擁有振奮人心的社會正義感，幽默感也分毫不缺。教士不斷在傳布的話就是「教堂不在大樓裡」。意思是不要只坐在長椅、在腦中思考善舉，要出去外頭，進入社區直接執行。我們的教堂遊說政府官員在奧克蘭市進行公平運輸政策、為無業遊民編織帽子和襪子，而且每月在奧克蘭三十二街和聖帕布羅提供午餐，並在當地同志遊行時，拿著一幀寫著「歡迎所有人」的彩虹旗一起前進。

說到幽默感，我提供一個例子：由於需要將廁所升級成無障礙空間，才能歡迎更多行動不便者。因此在募款活動中，門廳就出現了一座塗上金漆、燦爛奪目又顯眼的坐

㉖ Neil Armstrong（1930-2012），第一位登上月球的太空人。Madame C.J. Walker（1867-1919），第一位白手起家的非裔女性百萬富翁。Julia Child（1912-2004），美國知名廚師。

式馬桶，上面還有一面「解放我的人民」的旗幟。

綜觀人類歷史，宗教向來被曲解成擁有暗黑目的，如果你一直無條件擁抱組織化後的宗教，可能就無法用真正的信仰希望你擁有的態度來質疑檢視它。由於我是在聖公會教堂長大，所以從來不會特別認為自己和信仰有所連結。我一搬出父母家上大學，就只會在聖誕節和復活節上教堂，安德魯的宗教傾向甚至比我更少。我們有個協議：如果他願意在教堂和我結婚（這確實好像有一點點重要），那麼我就永遠不會逼他和我一起去。我（大部分）都遵守了我這邊的承諾。

接著，我懷了麥蒂，因為不曉得我們有沒有辦法養好一個人類而驚慌失措，教堂感覺是個提供支援的好地方。然後，在懷孕七個月時，我開始去聖約翰教堂，因為那是離我們家最近的聖公會教堂。就像我寫給史考特神父的：

> 經過時間流逝，我漸漸瞭解一件事，而且對此心懷感激：我加入了一名天賦異秉牧師的信眾，他也啟發我能以更公開、更熱情的態度擁抱自己的信仰。我小時候是在聖公會教堂，但我們並沒有時常談論這件事，當然也從來不把「耶穌」說出口，除非踢到腳趾

頭或是被超車。身為青少年，我很可能一年只上教堂三次。

其實我也有一陣子和聖約翰教堂稍微拉開距離，除了帶麥蒂去托兒所和主日學外沒有太多參與，頂多偶爾因為咖啡的關係多留一會兒。但是，過了一個週日又一個週日、一年又一年，我感到信仰之火燃燒得越來越燦爛、越來越高亢，而且絕大部分是出於你帶給聖約翰教堂的氛圍：接納、挑戰和謙遜。

身為寫作者，我很佩服你能巧妙地將迴然不同的線交織起來。你使得複雜的概念能被接受，不管說什麼都趣味橫生。你的能量、對公共利益的貢獻，以及讓你教區的普通居民能有參與的機會，在在使我深受啟發。

這些日子以來，我在信仰中找到巨大的安慰。這一年我過得非常辛苦，因為爸爸過世，而且說實話，我不如以前祈禱得那麼勤；現在就只是沒有那麼自然而然了。但我還是盡可能出現在教堂聽你的講道，和眾人一起坐在那兒，心裡知道這可以支撐著我，直到能再次回復「持續祈禱」的狀態。這完全可以算是無價之寶。

在人生中，你會從誰身上尋找心靈支持和引導？誰的生存方式啟發了你？這裡也可以跳脫宗教場所的框架，像是激勵人心的作者、冥想老師、戒酒互助會前輩。

身為作家，我的許多榜樣都來自作家。打從四歲時能開口說出母親幫我做的單字卡上的字詞，閱讀就成為我的出口、安慰和冒險。除了珍・奧斯汀，再也沒有誰的書能像她一樣，每一個字都帶給我純粹的快樂，她那些被我翻爛的作品兀自在我家客廳書架中央找到歸屬。身為母親，我最傑出的成就之一，就是某天聽到念幼稚園的麥蒂和她朋友瑪雅在玩「傲慢與偏見」時，爭執誰要當伊麗莎白・班奈特、誰又要當簡愛。（還好沒人想當莉迪亞[27]。）

寫信給珍・奧斯汀，對我這個書呆子來說真的太有趣了，尤其是在思考怎麼向她解釋我們生活的時代有哪裡不同。

哈囉，我來自妳過世的兩百年後。妳敢相信嗎？「珍・奧斯汀」變成了家喻戶曉的名字，而且不只是在英格蘭，甚至是在大西洋對岸，那個妳出生一年後宣布獨立的殖民地？妳有著天才的文筆，洞察人們境遇的能力，而且在這不怎麼浪漫的時代，帶起了迷人主角的力量。

根據妳時代的標準（及預期壽命），我大概是老到不行的老太婆，但在目前而言，感謝發達的現代醫藥，我也許還可以多活幾十年。因此，我決定認真感謝那些以意義非凡的方式照亮並改變我生命狀態的人，作家也和這些朋友、家人歸在同一行列。我向妳保證，《諾桑覺寺》（*Northanger Abbey*）對於小說的諷刺觀點與如今恰恰相反。在今日，閱讀小說是被接受、鼓勵和欣賞的。又或者說，至少直到數位電子裝置發明之前（請放心，我不會拿任何一個詞彙的定義來煩妳），如今我們光是把注意力挪去讀篇新聞都覺得太花時間。

無論如何，我向妳保證：妳的文字不只經過了時間的考驗，甚至改善了它走過的時間。就我的例子來說，妳的書一次又一次吸引我回去，每次重讀我都會想，「世界上再也沒有比珍．奧斯汀的女主角更棒的事了。」有著瑕疵、聰明風趣，無論在物質或精神層

㉗ 伊麗莎白是《傲慢與偏見》的主角，莉迪亞則是她的么妹。

面都不斷尋求改善。我永遠能在妳創造的伊麗莎白·班奈特、蘇珊夫人和安·艾略特[28]身上找到強烈共鳴和趣味。

妳也是一個女性主義者——甚至早在這個字創造出來之前——深信女人和男人應該擁有平等的權利與機會。透過妳的女主角雙眼，我們看見那些使得女性動輒得咎的體系與非難，但妳的手法又如此蜻蜓點水，即使我們看不見那些暗招，卻仍感到滿腔怒火。這實在非常令人敬佩，而且還是由受到同一個體系限制的女人來完成，因此更了不起了。

我高中時讀了妳的一些小說，但是直到大學——沒錯，現在女人不但可以去念大學，而且比率還比男人稍高一些——有一堂叫做「十九世紀英國女作家」的課，我才能深入認識妳的作品。教課的是一位女教授，她讓我們發現妳文字中的意義與美麗。所以我早在妳的作品改編電影（妳可以把「改編電影」想成某種劇場表演）、在柯林·佛斯化身達西先生、希朗·漢德飾演溫特沃斯上校，而休葛蘭則扮演愛德華·費華士[29]之前，我就是妳的忠誠粉絲……我這麼對妳說吧，奧斯汀小姐：二十世紀與二十一世紀的女性對妳滿懷感謝，因為妳創造出能讓上述男性穿上荷葉褶雪紡上衣和馬褲在我們面前跑來跑去的角色。這是我們對妳的無限感激。

你最喜歡的作者、音樂家、運動員、活動家、藝術家有誰？哪些創意人的作品帶你超越自我？你透過誰的見解更加看清自己？是誰結合了天賦和努力，創造出帶給你純粹喜悅的作品？

在這個分類，我也把最喜歡的音樂創作者兼小說家羅伯·薛菲德（Rob Sheffield），以及已故幽默專欄作家爾瑪·邦貝克（Erma Bombeck）放了進來；我更愛叫她聖艾爾瑪。（她的奇蹟多不勝數，就記錄在各地的報紙之中。）他們不只是在人生中提供我娛樂，還讓我透過研究他們的技巧，期望藉此增進自身能力。這兩人都將幽默放入字裡行間，給人啟發、帶來共感，甚至滑稽得令人捧腹大笑。能成功達到這三重效果可不容易。

我也寫了信給最喜歡的音樂家，也就是來自紐西蘭

㉘《勸服》（*Persuasion*）的主角。

㉙ 分別為《傲慢與偏見》、《簡愛》與《理性與感性》的男主角。

的分裂恩茲樂團（Split Enz）和擠屋合唱團（Crowded House）的尼爾・芬恩（Neil Finn）。我對他說：

一九八〇年，我在十四歲時認識了分裂恩茲樂團，就這樣登上尼爾・芬恩的粉絲巴士永不下車。我在很多城市看過你的現場表演，一遍又一遍的樂團演出，場地從一九八七年破爛的高塔劇院（Tower Theater），到二〇一四年有軟綿好坐的搖椅的舊金山藝術宮。你音樂的品質、高超的寫歌能力和現場表演，讓我永遠成為死忠粉，你的歌曲全集成為我人生的電影原聲帶，陪伴我長大、和丈夫安德魯結婚，以及成為現年十六歲和十九歲的可愛女兒的媽媽。你的音樂穿梭在我的生命裡，並使其更加豐富。

但我愛的音樂家很多，之所以對你特別感恩，是因為你為我的生命帶來偉大的冒險。

由於〈破船上的六個月〉（Six Months In A Leaky Boat）音樂錄影帶，以及你的專輯《一起孤單》（*Together Along*）中，來自塔瓦卡呼雅文化合唱團（Te Waka Huia Cultural Group Choir）的美麗嗓音，我在心願清單上一直為紐西蘭旅行留了一個空位。所以在二〇〇九年，當我的孩子分別八歲和十一歲，安德魯和我帶她們一起飛到奧克蘭，花了兩週在北島開著露營房車橫衝直撞（過程中包含前往你位於懷卡托小鎮的家鄉博物館看一小時「歷史不會重演」展覽。）

紐西蘭之旅過後幾年，希爾頓飯店舉辦了一場散文比賽：「這裡舉辦怎樣的活動會是你絕對不想錯過的呢？」我洋洋灑灑寫下五百字，並和一張用馬克杯裝滿芬恩相關票根的照片一同寄出。當二〇一四年葛萊美獎開跑，安德魯和我便用希爾頓飯店全額支付VIP的身分去參加。這個經驗實在有夠荒謬（不過是好的意思），而我們非常感激這些芬恩票根幫助我們美夢成真。

我和安德魯或其他女性朋友為了你的演出，踏足許多洛杉磯的拉哥咖啡廳和遊人夜總會，我也因此意識到，如果你不是一個這麼棒的音樂人，我的飛行常客里程恐怕就不會那麼多。

我沒辦法保證寄出這些信能收到任何回應，尤其如果你像我一樣忍不住想寫給過世的人或是名人。你精神上的偶像也許是蕾哈娜，但那位小姐實在**很忙**。

我從羅伯·薛菲德那裡收到一封親切的電子郵件，而當我的小姑蘇珊去德州一個圖書節上聽他演講，他在書上題字寫道：「超級謝謝妳南～西，妳是最棒的。」我馬上表示，當我在九十三歲吃完冰淇淋後，一面小睡一面聽著擠屋合唱團專輯過世，這本書必須塞進我的棺材裡。

你應該要寫給他們。跟著我一起說：雖然我們要感謝那些為你努力的人，但是這個企畫的重點在於，提醒自己每天是如何振作起來、受到啟發，並且得到支持。並不是只有收信者讀了感謝信，它才會對你產生魔力。

也就是說，如果你可以把這些信寄給你的榜樣，我相信一定會很值得。如果真的想寄，你找到寄件地址的機率其實非常大，請機構、團隊或美術館轉交都可以。在推特或臉書上，創作者和粉絲交流的即時性是很驚人的——早期MTV VJ瑪莎·奎因（Martha Quinn）和我能變得要好，都要感謝推特。至今我仍覺得，要是某天我能回到過去，一定會想告訴十五歲的我這個好東西。

也是因為這樣，一封仔細又貼心的實體感謝信對這個類別的收信者才會那麼不同凡響。最近這麼做的人不多了，如果你收到了回覆，對你也是意義非凡。

你的左鄰右舍

到了這個階段，你應該已經深陷其中，看見並意識到生命中那些讓你能過得更好的人。如果你已經開始著手寫感謝信，對這可以預料的愉快感受一定非常熟悉，當你把信扔進信箱，或是用力塞進收信者手中，知道你重視、欽佩並感激的某人馬上就會知道你為什麼要這樣大費周章，簡直就像擁有祕密超能力。

所以，為什麼不把披風再穿久一點呢？

你不在的時候，即使沒把表格填正確，郵差也會幫你留信件嗎？如果你在家附近的超市發現自己忘記皮夾，老闆會先借你一點錢嗎？當你只和家裡的三歲小孩玩十二分鐘就無聊到想舉手投降，如果沒有願意和小朋友玩好幾小時口袋波莉娃娃或樂高的保母，你會怎樣？

在後面的分類，我一定得寫感謝信給海莉。她是一個很棒的年輕女子，是我們小孩還小時來幫忙照顧的保母。她是個天賦異秉的藝術家，能把電視節目或女孩沉迷的故事角色，做成精細的紙娃娃（很顯然也包括《傲慢與偏見》的人物）。還表示在女孩睡午覺時能幫我們組裝宜家家居的家具，未來也將成為我除了安德魯之外唯一能夠談心的成年人。

因為妳對我們女兒的疼愛、創意及驚人的耐心，她們今日成為聰明、善良又溫柔親切的年輕女性，絕對有妳的一份功勞，我永遠會對妳心懷感謝。

還記得露西三歲時說過最有名的話嗎？「我才不管海莉是不是大人，她就是我最好的朋友。」

現在妳也成為母親，我希望這樣妳就能瞭解，對一個職業母親來說，能從保母身上得到支持與信任，可以帶來多大的不同。我希望妳能瞭解，並且為自己鼓鼓掌，因為不只是我，這些年妳帶過的孩子的媽媽，也都獲得了這樣的可能。

美髮師、乾洗店、服務生和技師。對於身邊這些幫助你的人，這些不求回報、讓你的每日生活運轉無阻的人來說，你的刻意感謝能夠帶來很大的力量。只需要花你的一些時間和一張白紙，就能讓一切動起來。

歌單——有影響力的人帶來的啟發

1. My Hero — 幽浮一族樂團 (Foo Fighters)
2. Angels — 饒舌歌手錢斯 (Chance the Rapper) feat. 薩巴 (Saba)
3. When You Believe — 惠妮．休斯頓 (Whitney Houston) & 瑪麗亞．凱莉 (Mariah Carey)
4. Sweet Inspiration — 黛安娜．羅絲 (Diana Ross) & 至上合唱團 (The Supremes) 與誘惑合唱團 (The Temptations)
5. Let the Day Begin — 呼叫樂團 (The Call)
6. Just Got Paid — 強尼．坎普 (Johnny Kemp)
7. Big Boss Lady — 約翰．李．胡克 (John Lee Hooker)
8. Take This Job and Shove It — 強尼．佩切克 (Johnny Paycheck)
9. Heroes — 大衛．鮑伊 (David Bowie)
10. Positive Role Model — 寵物店男孩 (Pet Shop Boys)
11. Leader of the Band — 丹．佛格柏 (Dan Fogelberg)
12. You' re The Inspiration — 芝加哥樂團 (Chicago)
13. My Heroes Have Always Been Cowboys — 威利．尼爾森 (Willie Nelson)
14. Tip That Waitress — 羅登．溫萊特三世 (Loudon Wainwright III)
15. Motivate — 瑪堤斯亞胡 (Matisyahu)

第六章

讚美各種場所和消遣娛樂

付出一點點感謝，得到更多的回報。

——西非，豪薩人（Hausa）諺語

當我來到寫信計畫的尾聲，找出誰應該得到感謝信的能力變得更加敏銳，甚至讓我明白有時不見得非是人類不可。如果寫信的判斷標準是找出形塑並且構成了我的實體，那麼給我住過的地方、愛過的事物一個認可，也同樣重要。就算信件的這個分類裡沒有一個收信者擁有實際的街道地址（畢竟它們實際上也沒有生命），可是我現在知道，感受這每個實體為什麼對我意義非凡，就已經是我的回報。

我從住過的地方開始，但不是每個地方。我在魁北克待的時間很短，留下深刻印象的只有碰到可怕的偷窺狂、一隻試圖搶走遊客冰淇淋甜筒，最後讓冰整坨掉在我頭上的海鷗，此外，還有在荒涼街道上對我亮出殺豬刀的精神失常女子。魁北克，我不要寫信給你！雖說芳堤娜城堡（Château Frontenac）確實很漂亮。

我要寫的是住的時間長到能留下印象的地方，或是在那裡學到的教訓至今仍受用，又或是我現在仍會回去尋找平靜、展望未來的場所。以下就是你可以思考的一些種類。

家鄉

我不住紐約州羅徹斯特市的時間已經超過住在那裡的兩倍，可是那裡是我第一個寫感謝信的地方。說起來有些諷刺，因為我在安大略湖岸邊長大，一年六個月都被困在「大湖效應」的雪裡面，因此大多時間渴望著能住在這裡以外的地方。

很顯然，我非得隔著一段距離回顧羅徹斯特市，才會知道自己擁有的一切這麼美好。由於我是一個希望人生就像MTV音樂錄影帶——任何一支都好——的小鬼，這地方算不上什麼令人心盪神馳的城市。它只有安全的街道、頂級的公立學校、隨處皆是的公園和步道，還有世上最棒的雜貨店家：韋格曼超市（Wegmans）。但你懂的，如果你是個十五歲的小傻瓜，那麼這些就都不重要。

但是我一搬走，羅徹斯特市還是讓我意識到它給了我多少，以及這城市的性格是如何深入我的DNA。由於父母是伊士曼柯達公司（Eastman Kodak）的員工，我就是所謂的「柯達小孩」。這家公司以黃紅色調籠罩整座城市，它漫長的衰敗過程對我有一種詭異且私人的感覺。此外，儘管在二十世紀數年的衰敗裡，柯達公司破產了，城市裡超過成千上百人失去工作，羅徹斯特市還是屹立不搖，這件事也讓我有這種感覺。坦白說就是因為這樣，當我看到拍立得照片時，才總是有點苦澀。

當我寫信給家鄉，信裡是這麼說的：

即便我現在住奧克蘭市的時間比住羅徹斯特市還久，從今往後，當我想到「家」，你永遠會是我第一個想到的地方。

長久以來，只要提到你，我都會說：「長大的好地方，也是出生的好地方。」我好像是在搬離之後才能完全體會你的魅力。我的手足和我在一條簡樸的街道長大，每個人都會照顧自家院子，而且沒有人鎖門。小孩都像野獸那樣成群在外面亂竄，無害一點的話勉強算是小動物吧，然後由每家的爸媽共同管教。我們會上走路就能到的公立學校，課後到騎腳踏車可到達的地方打工；約會則去「城裡」，也就是羅徹斯特，一個從布萊頓郊區開車要花上整整五分鐘的地方。

能擁有這樣毫無意外、安全無虞又普通的童年，我實在不知道怎麼表達我的感謝。我想，我之所以這麼腳踏實地，有部分是因為我成長於一個不誇大又單純的地方。確實不需要過度吹噓羅徹斯特，也不用因此抱歉。它不至於魅力無窮，卻不屈不撓、樣樣不缺。

在柯達公司進入最後的死亡螺旋時，我已不在那裡，但是隔著一段距離的我想說的是，我敬佩羅徹斯特為了不成為經濟浪潮犧牲者而表現出的頑強與決心。不管我何時回到那裡，永遠都有新開的商家，舊的那些也還撐著。它們不至於像流星一樣稍縱即逝，有足夠的能量可以持續前進。

我在十四歲時就大概知道自己不會永遠住在這

裡，可是，特別是在過去這一年，我回去和媽住的時間和次數越來越多，我因此非常感激。等到我再也不必去她家，我一定會覺得非常、非常詭異。每次我走下飛機，踏上羅徹斯特機場，渾身上下都會有一股「啊啊啊啊啊啊回到家了」的感覺。我不認為媽終將逝去會讓我失去這個感受，因為那已經深入我的骨髓之中。

所以，羅徹斯特，在我在那些安全又平靜的街道長大時，謝謝你給我的一切。我沒有任何地方想要改變。

你的家鄉也可能代表另一種力量，讓你更清楚生命中不想要什麼。有趣的地方來了：我長大後希望羅徹斯特的步調能再快一些，我姊姊莎莉則有完全相反的反應。她最後搬到大多是鄉村的緬因州，在一個周遭圍繞高大綠松樹、散發燒柴爐煙的小鎮度過快樂的十年。同時，我哥哥賴瑞在距離我們長大的房子不到兩英里處購屋，他的孩子和我們上一樣的學校。同個環境，不同結局。你的出身又是如何影響你今日做的選擇呢？

「家鄉」就是**家鄉**。如果你小時候常搬家，也許會有某個小鎮比其他地方更有家的感覺，又或者，就地理路徑上，無論停留在哪裡，都影響了今天的你，這些地方都值得擁有自己被感恩的情緒。

根據你長大的地方，也可以把一整封信獻給家鄉美食。我的家鄉最知名的菜餚叫做「垃圾盤」（The Garbage Plate）——烤豆子加通心麵沙拉，再加肉，然後加上心痛和悔恨——這個我跳過。但是，我對於自己來自這個城市非常驕傲。弗雷德里克．道格拉斯和蘇珊．B．安東尼[30]選擇住在這兒，每年春天這裡也會舉辦美麗的紫丁香季，儘管它有著人稱「短袖天氣」的四十五度以上高溫。

還可以用另一個方法來想：如果你是一個要說服別人你出身地特性的房地產經紀人，第一個會說什麼？這些特性又是如何讓你成為現在的你？

改變你的地方

也許只是短暫休假，又或是暫時遷居；也可能你明明第一次前往某處，卻發現自己有回家的感覺。你生命中有沒有哪個實體場所，讓你留下難忘的印象？

在這個分類，第一封信要寫給誰，對我來說再容易不過：格勒姆營地（Camp Gorham）。打從我會走路開始，我們一家就會在八月最後一週待在阿迪朗達克山脈，參加羅徹斯特基督教青年會主辦為期一週的家庭營隊。你就想像一下沒有派崔克·史威茲（Patrick Swayze）和白色亞麻桌布，或偷偷墮胎故事線的《熱舞十七》（*Dirty Dancing*）吧。我們和大約三十五個家庭一起前往那裡，他們有很多人從詹森執政時期就開始參加了。青少年的我負責在整個夏天露營計畫中擔任孩子的輔導員，麥蒂後來也追隨了我的腳步。同時，我父親自封營地史學家。家族露營地非常樸素且復古，但總之就是我全世界最喜歡的地方。我這樣寫：

家族露營地，要傳達出你位於我生命多麼核心的位置著實困難——就一個女兒、妹妹、阿姨、妻子以及母親來說。爸媽從一九六八年開始帶戴維斯五人組去那裡，而我只有兩歲，對這一趟毫無記憶。可是自從我們這群人決定忽視傳奇的飛行松鼠事件，並在第二年又回到那裡，格勒姆就成為我們家的某種祕方

㉚ Frederick Douglass（1818-1895）美國黑人政治家，引領廢奴與社會改革運動；Susan B. Anthony（1820-1906）在十九世紀時為美國女性爭取投票權。

了。

我真心相信著，我們會在一年一次的機會中不擇手段回去那裡——我們的孩子也是一樣。那裡當然景色優美，而且讓我們有一週時間真正上山下湖、馳騁馬背。可是不只這樣，那是一個能讓我們玩在一起的地方——就算長大也一樣。在月桂小木屋門廊每度過一個下午、每跳一次方塊舞，在附近一間酒館每打一次深夜撞球，這份革命情感就越發茁壯。我認為，這是戴維斯一家真心喜愛彼此很大的一部分原因。

我朋友大多沒有這樣的地方，能讓手足相處又能獨處，還能讓不常見面的堂表親在短時間內相互連結。說是傳統雖然有些表面（也有點假），可是這卻在在提醒著我們在一起多長時間，又會這樣繼續下去多久。這些年來，我們也許散落在世界各地，可是只要來到八月最後一週，大部分最親密、最要好的人都會在下午十二點四十九分往南來到大鹿路，千驚萬險地壓在下午一點的底線前抵達。

我在帶安德魯去露營、但他不怎麼喜歡時，就瞬間知道安德魯真的是我要找的人——因為就算這樣也無法減少我對他的愛。這些年，他把自己的喜好放到一邊，依舊為了我們的孩子踏上這趟家族度假旅程，這就證明我嫁對了人。那年，雖然我沒有建議，可是他參加了有獎金的男子輕艇競賽（而且謝天謝地還存活下來）。我這輩子從來沒有那麼興奮過。

麥蒂和小露都參與了不少美好的家族露營，充分享受童年的自由。在她們小時候的珍貴時光，比起奧克蘭，可以在華麗的一千五百英畝土地更自由地到處亂跑，身旁只有堂表親或只有自己一人。我們非常自信（而且理所當然）相信她們不會出什麼狀況。就算她們需要幫忙，也一定會有人出面。我也在姪子姪女身上看到這件事。如果在年少時獲得大量自由，便能讓他們快速養成自給自足的能力。

如果套句安德魯說的「露營基因」，露露也許更像爸爸，但麥蒂簡直病入膏肓。截至今年夏天，她已經在那裡當了連續三年的輔導員——都比我還要久了。看到她因為要去那裡而興奮得整個人亮起來，我就很高興。此外，我爸也因為她在那裡工作而感到驕傲。我不會忘記去年六月，正好在他診療出罹癌和過世之間的某天，我帶他去向工作人員講解年度營地歷史課。那對我們所有人來說都像一份禮物。

所以，營地，八月最後一週見，直到我過世那天。

有沒有哪個度假地點你會年復一年前往？又或是雖然只去一次，卻彷彿不斷幫你重整自己？如果有人提供免費飛機、火車或巴士票，規則是你必須去一個以前去過的地方，你會回到哪裡？又是為什麼？你甚至可以寫感謝信給目前還沒能到訪的夢想地點：馬丘比丘、大堡礁或黃石公園。我發現，期待度假幾乎就和真的去度假一樣令人心滿意足，而且絕對更加便宜。

在這一個類別，你也可以寫給你念過或是接受過訓練的學校或學程。我其中一封信寫給我念的研究所，它叫做雷鳥（Thunderbird）——笑吧你們，我知道有酒和老車也叫這個名字。每個雷鳥研究生都很習慣講到這裡需要暫停一下。雷鳥是美國全球管理學院（American Graduate School of International Management）的簡稱，坐落和鳳凰城有一段距離的沙漠中，一棟退役的二戰戰鬥機飛行員訓練機構。研究所在戰爭結束後成立，任務是要將商界人士教育成全球公民。雷鳥吸引的是小眾學生：懷抱雄心壯志，同時對外語學習、國際關係，以及校內酒吧提供啤酒絕對真心。換句話說，就是我本人。

我住在慕尼黑時就申請了雷鳥，然後在一眼都沒看過校園、連個人都沒見過之下就搬去了鳳凰城。在我十八個月後離開，我獲得一個未婚夫、一份在國際企業的工作，以及一批趣味相投的新雷鳥朋友。這些人把獲得護照上的新戳章，以及可以用當地語言說「乾杯」的能力，看得比其他成就更重要。我這樣寫：

我在一九九〇年八月抵達時，直接把車開到學校對街的綠樹公寓，那個我看都沒看就直接租下的地方，而且硬是撐到非進校園不可，才跨越五十九街。我很害怕它無法達到我的預期。

我的恐懼其實完全沒有必要。簡單一句話：雷鳥是讓我找到同類的地方，或至少是我生命這個階段需要的同類。首先當然是安德魯。如果你為我生命帶來的是這位擁有全球視野、熱愛旅行的丈夫，我欠你的恩情真的三輩子都還不完。我在那裡的第二學期，基本上主修的是和那位男士陷入愛河，而那是我這輩子最快樂的時光之一。

但雷鳥也是讓我認識潘、莉黛特、麥爾斯、卡洛琳、安、莎拉和阿Z的地方，此外，還有一大群目前仍在我生命中的朋友，而且和他們在語言實驗室、國際政治經濟課堂和乾熱氣候中建立起的羈絆，也永遠不會抹滅。感謝學校將我全新萌生的興趣轉化為當上全球公民，並且讓這成為我永遠的人生哲學。在那段全盛時期，雷鳥不僅讓我們因身為美國人驕傲，也因為屬於一群廣大的群體，他們真心相信威廉·舒爾茨（William Schurz）的話——「邊界常有交易，就不需要士兵。」

我們發展出一種主動拓展、理解體諒及雙向充實的心態；這在現在仍很需要，而且程度甚至前所未有。身為雷鳥的一分子，我們也發展出很健康的平衡觀念：早上上課，下午卯起來念書，傍晚等溫度下降，就去跑個步，然後回家路上在酒吧暫停一下，補充「水分」。

大概五年前，我們最後一次為了航空控制塔外加新酒吧重新啟用所舉辦的盛大典禮回到學校，不幸的是，安德魯和我第一次講話的那家神聖老酒吧已經不復存在。當然，之後雷鳥就併入亞利桑納州立大學商學院，我很努力不要因此心碎。但是就算這樣，也不會讓我對雷鳥幫我拓展視野的感恩減少半分。

如果你念了一所讓你踏上某條職業道路的學校，或在那裡認識親密好友，或促使你更清楚自己能在工作上付出多少心力，以感謝信表達此事為今日的你帶來多大影響，應該是不錯的方法。

我寫的最後一封「地方」信是給奧克蘭，也就是我現在居住的城市。我仍全心全意熱愛著它，儘管它有很多不完美，仍在我居住於此的二十年中用各式各樣美好的方式影響了我。

這是我給住了將近二十年的城市的感謝信；這裡是我住得最久的地方。記得我和安德魯在一九九七年剛搬到這裡，和我媽擁抱道別時，我還小聲地對她說，「不要擔心，只住三年而已。」

奧克蘭，你走在潮流最前面。如果年屆五十的我還算不落人後，大概是因為你讓以下幾件事輕而易舉又令人嚮往——永遠走在流行尖端、永遠生氣勃勃。我對過去十年的大改變非常訝異。從每一間新開的酷炫餐廳、俱樂部，每月第一個星期五的慶典和演唱會，奧克蘭一點一滴擺脫舊金山的影子，我們幾乎沒有跨過海灣大橋去舊金山玩。有需要嗎？去福斯劇院、到紅木公園健行、在頓德餐廳吃晚餐、上遺失物酒吧大喝啤酒，跑到皮埃蒙特大道看電影——舊金山有的，奧克蘭都有，爛交通和更爛的停車費除外。

我想，正是奧克蘭這種傾盡全力的特質，才讓我這麼喜歡，感謝你無時無刻都這麼拚。比較一般的城市面對一些特殊優勢（我說特殊是認真的）時，多半是知難而退，可是奧克蘭會直接說：「好，這樣不行！然後呢！？」我喜歡我們熱情、多元和善良與資金限制的不協調；我愛我們溫暖的冬天，還有寒冷的夏天；我愛我們的勇士隊，即便他們離我們遠去，搬到舊金山。我也愛我們的運動家隊，雖說我只能在狀況好時一年看一場賽事。（我老是漏掉拉斯維加斯突襲者[31]，抱歉了，好好享受拉斯維加斯。）

我愛我們的寬大心胸和急躁個性，還有讓我們女兒從經濟、種族、性別認同乃至性傾向得到各種多元性的公立學校，以及養育出會為了讓一切變得更好而努力的積極分子。我不喜歡住在海沃德斷層（Hayward fault）上，可是對於這二十年裡遭遇最嚴重的地震只有五點五級心懷感恩——甚至，假使小於四點三級，我根本連床都不下。

安德魯和我談過，如果到了空巢期，我們要去哪裡：伯靈頓？佛蒙特？佩塔盧馬？舊金山？柏克萊？但是如果要我老實說，我會留在5-1-0[32]，當這裡最潮的老阿嬤，浸淫在陽光和時尚氛圍中。奧克蘭，謝謝你成為我和我家人的家園。

你還會寫下哪些「地方」信？你的第一間公寓如何？或是讓你初次瞭解離家自立的苦與樂的場所？更別提還有和室友（們）協調誰來整理廚房的樂趣？你每天早上為了讓腦袋清醒一點而去晨跑的附近公園？你甚至可以寫給再也不想去的地方，因為你當時在那兒過得慘兮兮，現在就很清楚必須在旅遊高峰季避開那些遊客陷阱。嘿，挖哩咧樂園[33]可不是人人都能去。

---

[31] Warriors，金州勇士隊，籃球隊伍；Athletics，奧克蘭運動家隊，棒球隊伍；Las Vegas Raiders，拉斯維加斯突襲者，美國足球隊伍。

[32] 奧克蘭的區碼。

[33] Walley World。出自一九八三年電影《瘋狂假期》（*National Lampoon's Vacation*）。

熱情與追求

現在，我們來到感恩計畫中彷彿歐普拉名言的「你收到了一封信！你收到了一封信！你收到了一封信！」[34]在這部分，我們的信實際上是要寫給想法和點子。我發誓，跟你說這些不是為了浪費紙，真的。

你非常獨一無二，生命中有許許多多有趣的面向。還有什麼事情是讓你成為「你」的呢？又或者，我們再把本書開頭提過的問題調整一下：

什麼幫助了我？

什麼形塑了我？

什麼啟發了我？

我們喜歡的習慣，讓我們有目標的興趣，我們所追求的熱情，在在影響了我們將以什麼樣貌活在世上。花些時間思考這些事如何豐富我們的生命，很可能就會發現許多能夠感恩的地方。

認識我的人都清楚我熱愛音樂和演唱會，盡量每月參加一次，守備範圍包含美國歌手、獨立搖滾人、舉辦復出巡迴演唱會的一九八〇年代樂團，以及不時點綴一些饒舌表演，弄得保全因為看到我們這群上了年紀的饒舌媽粉大驚失色。（欸，在我們成為中年父母之前，可是會去看Run DMC、全民公敵組合和野獸男孩的小鬼呢。至今我仍熱愛瘋狂的舞步，只是得先把看書用眼鏡收起來。）

演唱會就像一種和二十幾歲的自己保持關係的方式。當擁有天賦的音樂家走上舞臺，我總能感受到那股恍若永恆的欣賞與期待。當我寫下自己的信件名單，自然會將那些樂團包含進去，而且迅速意識到，要是我不好好調整，絕對會變成為期九年的寫信計畫。因此，我的信是要寫給現場音樂產業。

給我愛過的所有樂團：

我本來打算先寫信給休倫大帝（Lord Huron），然後麗茲費兒，接著是回聲與兔人樂團（Echo and the Bunnymen），再來是布蘭迪・卡莉、法蘭克・透納，然後然後然後……然後我就發現，我恐怕會全

㉞ 歐普拉・溫芙蕾（Oprah Gail Winfrey，1954-）。美國脫口秀主持人、演員、作家、慈善家。

部寫出一樣的內容。感謝各位天才音樂人豐富我的生命，讓我得到歸屬和力量。

科學顯示，音樂能對人腦帶來大量正向影響，我想我可能與生俱來就比大多數人更為敏銳。換句話說，我就是很喜歡音樂，它對我來說舉足輕重。我聽得多，思考得甚至更多。大概十年前我意識到，聽現場表演是少數我能用有意義的方式重新和年輕的自己連結的方式之一。聽一場表演並不會讓我回到二十一歲，卻能讓我記得自己在那個年紀的樣貌。就許多方面而言，我因此非常感謝五十歲的自己。我不想再回到二十歲，現在的我更有自信，更有經驗，而且比三十年前擁有更為深刻的關係。但是，如果我沒有不時回憶一下那個二十歲的女孩，很可能會把五十幾歲的自己看得太理所當然。

我時常被你們在歌曲創作上的創意、身為音樂人的精湛能力，以及巡迴和表演上的能量啟發。幾乎每次聽完演唱會，我就會覺得自己好像花了好幾分鐘或好幾小時感受上天賜予的創意天賦，沉浸在神聖與日常相會的狀態下。演唱會對我來說有些靈性修練的意味，而我非常清楚，如果沒有它，我就不算完整。

我感激你們的歌曲在我低落時提振我的心情，在我開心時讓我更開心，並能表達出筆墨難以形容的感受。對的時機對的歌曲，效果超越任何藥物。

因為這些——甚至不只這些——我對你們非常感激，這五十年來豐富我生命的音樂人，我打從舞鞋鞋底致上謝意。

對你來說，這會是什麼呢？飛蠅釣？做剪貼？或是重現電視烹飪節目看到的食譜？有什麼事情會讓你早早起床，滿腦子都是「就是今天」？

我的朋友安讀了這本書最初的版本，打電話來告訴我說，她意識到生命中需要更多「就是今天」時刻，也因此得到激勵，決定重啟聲樂課。

安擁有音樂劇的背景，創立了在超過五十座城市執行製作的《聽媽媽說話》（*Listen to Your Mother*）現場故事朗讀系列，這個節目的目的是想「給母親一支麥克風」。七年之後，她在這個秀下臺一鞠躬，但仍萌生一股小小的衝動，想要再次唱歌，所以實際上是給她自己一支麥克風。

「我對於再次認真唱歌很緊張。」她對我說。由於轉職並養大兩個兒子，她總共離開這行業超過二十年。「在給了自己一百個不需要聲音教練的原因後，我還是重新考慮了這件事，不單是為了讓自己開始唱歌，也因為即使我很愛我的人生，還是需要更多能量和快樂。如果我安排了一堂課，就會為它好好進行準備。」就是今天！我要唱歌！然後，也許之後還可以順手寫封信？

其實，不需要大事件才能找到感恩和關注的對象（說不定還有寫一封信）。每到星期天早上，當安德魯從北加州一家乏人問津的貝果店歸來（可是他們懂得貝果不只是中間戳個洞的白麵包捲），我得承認自己開心到心情激動。就是今天，來個抹醬的烤芝麻貝果吧！

想像一下，如果沒有那些興趣和熱情，你的生命會多麼貧乏。所以拿起筆吧，慶祝自己的生活。

歌單——讚美各種場所和消遣娛樂

1. In My City—小費比．戴維斯（Mistah F.A.B）、戴維德．迪格斯（Daveed Diggs）和拉斐爾．卡索（Rafael Casal）
2. WTF (Where They From)—蜜西．艾莉特（Missy Elliott）feat. 菲瑞．威廉斯（Pharrell Williams）
3. My Hometown—布魯斯．史普林斯汀（Bruce Springsteen）
4. Rivers－法蘭克．透納（Frank Turner）
5. Life in a Northern Town—夢幻學院（The Dream Academy）
6. Sweet Home Alabama－林納．史金納（Lynyrd Skynyrd）
7. Viva Las Vegas—貓王（Elvis Presley）
8. Tennessee—揠苗助長合唱團（Arrested Development）
9. Route 66—納金高（Nat King Cole）
10. Vacation—加油合唱團（The Go-Gos）
11. Tom's Diner—蘇珊．薇格（Suzanne Vega）
12. I Made the Prison Band—莫力．海格（Merle Haggard）
13. Whatever Happened to Pong?—黑色法蘭西斯（Frank Black）
14. Fruit Nut—XTC樂隊
15. Mein Hobby sind die Girls—死褲子樂隊（Die Roten Rosen）

第七章

現在，換你了！

當我開始數算祝福，生命便有了一百八十度轉變。

——威利・尼爾森（Willie Nelson）

如今你已經開始寫了幾個星期、幾個月，甚至幾年。可是直到現在才來到此計畫最重要的一封信：寫給你自己。這是信件最後的壓軸、高峰和句點。而且最後寫給自己有個很合理的原因。

一如這個計畫的許多面向，我起先沒有意識到這件事的重要性。但是隨著時間，信件持續堆疊，我記下五十年間像馬賽克鑲嵌一樣獲得的支持，然後勇敢踏出一步，把自己的名字加在名單的最後一列。我也想請你這麼做，因為你也值得獲得感謝。

首先，你購買了郵票，幫助美國郵政可以多活久一點點。身為每年九月都真心期待在郵箱看到宜家家居新目錄的人，想到今年可以幫客廳買個SJÖPENNA燈具，我對你就有無限感激。

第二，看看你寫在紙上的這些字！你寫下這些信，進行了一項重大的寫作計畫，而且不是為了分數。我有史以來寫的第一本書，還待在抽屜裡等待好時機。那是一本需要多年研究，並至少經歷六版稿子的史詩歷史小說，笨重的最終版本總計落在約十二萬七千字左右。當我終於寫完，便邀朋友卡洛琳和凱奧來吃晚餐。凱奧主動說要敬酒，至今我對此仍留下愉快的印象。他舉起酒杯這麼說：「這杯敬妳！妳打了四百二十一頁的字！」

這杯敬你！你創造出（在這裡寫上你的數字）封感謝信！值得給自己一點表揚。

但是，你寫這封信給自己的主因，當然是為了得到那些完成的信件裡的魔力。

你的收信者都是多年來慷慨奉獻、伸出援手、善良美好又有趣的人——又或者儘管相反，你依然把這件事變成有用的人生使用說明。你致意的這些人地物可能沒有太多共通點，但是合在一起便創造出一張獨一無二的安全網，讓你成為今日的你。

那麼，做出這獨一無二的優秀支持網絡的人是誰呢？

是你，一顆小螺絲釘！看看你完成了什麼大事，你真的很了不起，

還記得本書一開頭艾蒙斯博士對感恩的定義吧？其中包含承認生命中的美好「至少有一部分並非來自自己」。親愛的，看我強調的地方。他的意思是，你生命中的美好至少有一部分來自自己，荷西，世界終於繞著你打轉了！

在寫最後這封信之前，花些時間重讀之前寫的每一封信。把它們看過一遍，大大深呼吸一口氣，不只是因為那些人地物，而是因為你花時間讓他們瞭解自己對你有何意義。

在這個極度破碎且孤立的時代，你為自己建造了一座無排放物、太陽能發電的感恩工廠，將療癒的正向能量傳送到很需要這一切的世上。搞不好你甚至激勵了你的收信者動手寫信。能夠帶來這些感恩和快樂的上升螺旋，都是因為你。

在思考並動手寫信時，也可能發生其他狀況。你可能會因此意識到必須做些清理——例如一些關係。寫信練習不知怎麼就是會讓你變得更好、更快、更強壯，能夠清楚知道對你而言積極的支持和健康的關係應該是什麼樣子，

不再忍讓那些不夠好的。那樣非常棒，完全沒問題，這就是所謂的長大。

然後你就可以開始寫最後一封信了。你從這些信上學到了什麼？關於你自己，還有你的關係？你可能從什麼地方找到明確的想法和真正的解脫？即使情況嚴峻、時機不佳，你是否曾靠自己轉換心態，仍在其中找到能讓你感恩的好事？

我在五十一歲生日那天早上寫信給自己，那時大概是我動手寫最初那兩封給父母的感謝信一年多一點。我是這樣寫的：

親愛的南西：

在進行刻意感謝的半百之年，一切都沒有變。

這個計畫的收穫比我原先預期的還要多。這是一次自省的機會、是讓人變樂觀的工具，也是衡量成就的方法。我告訴朋友，五十歲有如好壞相間的雲霄飛車，此話絕對不假。要感謝的事有好多好多，從慶祝生日，到麥蒂的中學畢業典禮和去上大學的喜悅，再到露西不斷成長茁壯，然後是安德魯和我為了慶祝二十五週年的登山之旅。

要哀悼的事也很多：我失去了爸，儘管經歷漫長而美好的一年，仍不足以承受這件事。

我可以明天從頭開始整個計畫，寫感謝信給同一批人——甚至更多人，這口感恩之井也不會乾枯。就算不是這樣，我也希望我做的這一切能成為習慣，隨時注意要感謝的事、保持感謝的心，並把這個習慣帶到人生下半場。

南西，五十一歲快樂。妳有很多事可以慶賀。

不管這是你的第五十封、第二十封或第一百封信，答應我，你會撥出時間寫信給自己。一旦完成，記得印出來收集在一塊兒，才能像手工扇一樣拿來對著臉搧。

你最棒了，因為你將這些轉為實體的美好感恩帶到世上。你完全可以像在拍音樂錄影帶一樣，帥氣地往後甩髮。

歌單——現在，換你了！

1. Over the Rainbow/What a Wonderful World - 伊瑟瑞．卡瑪卡威烏歐爾（Israel "IZ" Kamakawiwo'ole）
2. Letter to Me — 布萊德．派斯里（Brad Paisley）
3. Me, Myself, I — 瓊．艾瑪崔汀（Joan Armatrading）
4. Soy Yo — 立體聲炸彈樂團（Bomba Estéreo）
5. The Best — 蒂娜．透娜（Tina Turner）
6. Glorious You — 法蘭克．透納（Frank Turner）
7. Express Yourself — 瑪丹娜（Madonna）
8. Story of My Life — 扭曲社會樂團（Social Distortion）
9. Once in a Lifetime — 臉部特寫樂團（Talking Heads）
10. Complicated — 雜種狗沉思合唱團（Poi Dog Pondering）
11. All My Mistakes — 艾未特兄弟（Avett Brothers）
12. True Colors — 辛蒂．羅波（Cyndi Lauper）
13. Sheila Take A Bow — 史密斯樂團（The Smiths）
14. Happiness — 藍色尼羅河樂團（Blue Nile）
15. Don't Dream It's Over — 擠屋合唱團（Crowded House）

第八章

親愛的讀者

親愛的讀者：

我們實際上很可能互不相識，所以收到我的感謝信也許有點奇怪。可是我畢竟在寫一本書，主題是：對生命中重要的人事物表達感恩，能培養快樂。而當我來到這本書的尾巴，對我而言，你，也就是我親愛的讀者，顯然值得我寫下一封感謝信。

首先，我感激你花費時間讀我的文字。你的時間被很多事情占用，我甚至還沒把貓狗迷因圖算進去。你好心挪出時間讀我寫的文字，我自然不會當成理所當然。我以新出道作家的身分進入這行的時間相對很晚，可是這也讓我能有機會教導麥蒂和露西一課，那就是：無論要花多久，我們都必須堅持夢想、付出努力，直到成功圓夢。

第二，在寫這本書時，我有機會重新回顧自己寫感謝信的路程，如今我便知道自己太早停下來。我一面思考著各式各樣的讀者群體會想將怎樣的人與事物包含在他們的感謝信清單中，一面發現還有好多額外的名字可以寫上去，五十個實在是十分短淺的目標。話說，我對此非常羞愧，但是……我一直沒有真的寫信給進階先修英文課的格林女士，或是布蘭達，我那位等同楷模的網路公司老闆。結束我自己的感恩計畫後，我開始在奧克蘭上嘻哈課，這件事讓我每週六一醒來就會想：「就是今天！」

謝謝你，親愛的讀者，我桌上就擺了一本線圈筆記本，有一整串等待寫信的人和事物的名單，包括格林女士、布蘭達，以及週六嘻哈課，奧克蘭電報街的美麗貝果（Beauty Bagels）——熱騰騰的感謝信就要來了。我要把它稱為「感謝信：第二波」，或「感謝信的歸來……，」不過，「神鬼感謝信2」感覺有點太過頭。

最後，在我幫這本書找到出版社的同一週，我深愛的八十四歲母親診斷出癌症。就和這本書一樣，她把一切都處理得很好，得到賴瑞、莎莉和他們家人許多支持，以及保證能延長她生活品質和時間的治療方針。我會在下週飛去羅徹斯特探望她，看看能否幫上點忙。

然而，在失去爸那年寫下的感謝信，還在媽得到不幸診斷時，我寫下這本怎麼寫感謝信的指南書，兩者之間的對稱性令我震驚不已。這些感謝信再次讓我平靜下來，因為思考這些感恩，幫助我再一次掙脫恐懼和悲傷的念頭。至少，我必須利用每個拂曉之前的時間，把想法寫出來。

儘管媽的認知功能持續衰退，在電話上和我通話的那天思路卻再清晰不過，「聽說妳好像在寫一本書？」噢，那真是美好的一天。如果沒有你，一切就不可能發生。

我對瑪麗亞的丈夫泰德描述（他就在我的第二波名單上）我在三個月中同時獲得超美好和超可怕消息的不協調感。「我寧可擁有最棒／最糟的時刻，也不想要最糟／最糟連擊。」這些感謝信不但能在你寫的時候，更能在未來好幾個星期、好幾個月，甚至在幾年後你重讀時，依據你的需求，為你打造一段最棒的時光。我現在已經是第二次證明這個理論了。

親愛的讀者，因為你以各式各樣的方式豐富我的生命，我打從心底感謝你。希望你一切都好。有機會一起喝杯咖啡聊聊天，好不好呢？

再次深深感謝。

南

致謝

沒錯，在一本討論表達感激多重要的書最後，還要寫致謝，真是壓力山大。

感謝Ann Imig和Lara Starr的「我跟你說，妳在做的這件事真的可以變成一本書」的兩面夾攻，也感謝Ann、Maria Hjelm、KJ Dell'Antonia、Lisa Page Rosenberg、Glynis Mason、Laurie White、Michelle Gonzales，以及Michelle Threadgould，一路上在緊迫的時間裡提供的編輯意見。

非常感謝Jennifer Kasius和Running Press團隊的強大領導力，以及Laurie Abkemeier一直陪伴著我，幫對的故事找到對的出版社。能獲得這樣強大的團隊替我效力，我覺得自己非常幸運。Carole Bidnick和Amy Williams時常替我加油打氣，簡直就是出類拔萃和善良仁慈的擬人化。

感謝加州柏克萊大學至善研究中心的克莉絲汀・卡特博士和加州州立大學東灣分校克莉絲汀・萊奧斯博士，慷慨提供對於感恩和快樂背後的科學根據的研究、洞見與鼓勵，我真的——猜猜我要說什麼：真的感恩又快樂。梅莉莎・威爾斯和雪儂・康納利博士善解人意地分享自己感恩計畫裡的故事和回應，凱西，瓦倫泰更從繁忙的表演行程抽出時間，分享她五十歲生日派對給予感謝信所帶來的影響。各位，下回如果你來奧斯汀市，記得去聽她和藍帽花樂團（Blue Bonnets）一起做的表演。

我一九九七年搬到灣區時，還不知道自己遇見了全世界最樂於助人、啟發人的文學團體，你可以在這裡找到、培養或發揚各式各樣的故事。多年來，我的文筆得到許多寫作團體的磨練和支持，像是Lit Camp、Litquake、the San Francisco Writer's Grotto、Listen To Your Mother、Book Passage's Travel Writing Conference、Literary Death Match、The Writing Salon、St. Gregory of Nyssa Artist and Writer's Retreat、Moxie Road Productions，以及Adair Lara溫暖的客廳。我從每個技巧純熟又慷慨的導師和作家同伴身上，學到這項我們投入一切去精進的技藝。多年來，Erma Bombeck Writing Workshop、Mom2.0和BlogHer會議總能讓我覺得自己變得更聰明，並受到啟發、更加努力。

謝謝Kathleen Caldwell及奧克蘭的A Great Good Place for Books提供獨立書店版本的《Cheers雜誌》。好作家首先一定要是好讀者，而每當我走進店裡，Kathleen都會將推薦準備妥當，使得一切變得更容易。GGP（基本上還有獨立書店）為作者和讀者創造了一個能相互連結、超越一切價值的空間，無論是透過書本，還是面對面。

如果沒有以下人士全方面持續給我支持，這本書絕對離不開我的硬碟：瑪麗亞（Maria Hjelm）、吉兒（Jill McCleary），以及Hella Housewives與Tiny Texters，各位姊妹就是最棒的，其餘請參照你們感謝信中的各個支持論點。Thea Sullivan、Muffy Srinivasan和Mary Laura Philpott總是在正確時間帶著正確忠告加入合唱。

很難找到適切的話語來感謝我的姊姊莎莉、哥哥賴瑞，還有他們的家人。在我寫這本書時，他們給了我世上難求、意義非凡的禮物：因為知道媽媽受到無微不至的照顧，我才能夠心情平靜。他們甚至還有力氣閱讀我的初期草稿，給我回饋。各位，明年在格倫莫爾的家族露營第一晚第一輪就交給我了。

我也很感激媽媽蘿拉·戴維斯讓我對閱讀擁有熱愛，也讓我因此愛上寫作。每週三我們在學校的時候，她會為了在接下來的七天念書給莎莉、賴瑞和我聽，去圖書館選一大疊書。媽，你的努力終於有了結果！我的婆婆海倫·郭也一直都是我的啦啦隊。

最後獻給安德魯、麥蒂和露西：謝謝你們對於我追求了這麼久的夢想持續付出愛與支持。就像他們在愛爾蘭（絕對不會）說的話：Solange ！

感恩計畫

The Thank-You Project:

Cultivating Happiness

One Letter of Gratitude at a Time

感恩計畫/南西.戴維斯.郭(Nancy Davis Kho)作；林琳譯. -- 初版. -- 臺北市：春天出版國際文化有限公司, 2024.12
面；公分. -- (Better；42)
譯自：The Thank-You Project：Cultivating Happiness One Letter of Gratitude at a Time.
ISBN 978-957-9609-30-2(平裝)
1.CST: 郭(Kho, Nancy Davis) 2.CST: 幸福 3.CST: 自我實現 4.CST: 生活指導

177.2 113017889

Better 42

作　　者◎南西・戴維斯・郭
譯　　者◎林琳
總 編 輯◎莊宜勳
主　　編◎鍾靈
出 版 者◎春天出版國際文化有限公司
地　　址◎台北市大安區忠孝東路4段303號4樓之1
電　　話◎02-7733-4070
傳　　真◎02-7733-4069
E－mail◎frank.spring@msa.hinet.net
網　　址◎http://www.bookspring.com.tw
部 落 格◎http://blog.pixnet.net/bookspring
郵政帳號◎19705538
戶　　名◎春天出版國際文化有限公司
法律顧問◎蕭顯忠律師事務所
出版日期◎二〇二四年十二月初版
定　　價◎320元

總 經 銷◎楨德圖書事業有限公司
地　　址◎新北市新店區中興路2段196號8樓
電　　話◎02-8919-3186
傳　　真◎02-8914-5524
香港總代理◎一代匯集
地　　址◎九龍旺角塘尾道64號 龍駒企業大廈10 B&D室
電　　話◎852-2783-8102
傳　　真◎852-2396-0050

ISBN 978-957-9609-30-2